本书获得河南省特色骨干学科建设项目（编号：教高［2020］419号）资助

跨境电子商务

促进双循环政策协同机制研究

RESEARCH ON THE POLICY
COORDINATION MECHANISM OF
CROSS-BORDER
E-COMMERCE TO PROMOTE
DOUBLE CIRCULATION

赵崝含 ◎ 著

经济管理出版社
ECONOMY & MANAGEMENT PUBLISHING HOUSE

图书在版编目（CIP）数据

跨境电子商务促进双循环政策协同机制研究/赵崤含著.—北京：经济管理出版社，2022.4

ISBN 978-7-5096-8439-9

Ⅰ.①跨…　Ⅱ.①赵…　Ⅲ.①电子商务—影响—循环经济—经济发展—研究—中国　Ⅳ.①F724.6 ②F124.5

中国版本图书馆 CIP 数据核字（2022）第 090754 号

组稿编辑：杜　菲
责任编辑：杜　菲
责任印制：黄章平
责任校对：王淑卿

出版发行：经济管理出版社
　　　　　（北京市海淀区北蜂窝 8 号中雅大厦 A 座 11 层　100038）
网　　址：www.E-mp.com.cn
电　　话：(010) 51915602
印　　刷：唐山昊达印刷有限公司
经　　销：新华书店
开　　本：720mm×1000mm/16
印　　张：12.25
字　　数：172 千字
版　　次：2022 年 9 月第 1 版　　2022 年 9 月第 1 次印刷
书　　号：ISBN 978-7-5096-8439-9
定　　价：88.00 元

前　言

　　我国依据国内外形势变化适时提出构建双循环新发展格局。跨境电商发展与我国双循环新发展格局的形成息息相关，在 20 世纪末至 2011 年外向型经济发展格局形成时期，跨境电商出口推动外贸增长，助力国际外循环；在 2012～2016 年外向型经济发展格局调整时期，跨境电商进口推动消费升级，助力国内循环；在 2017 年至今，双循环发展格局形成时期，跨境电商全产业链升级，助力国内国际双循环。

　　跨境电商助力构建国内国际双循环作用机制主要表现在：一是帮助疏通生产、分配、流通、消费各个环节，共同推动形成以国内大循环为主的发展格局。跨境电商出口连接国内生产端是双循环的开始，通过在生产环节进行商业模式创新、促进信息技术进步推动外贸产业转型升级，助力国家实施供给侧结构性改革；跨境电商进口连接国内消费需求端是双循环的最终目的，通过在消费环节优化消费结构、提升消费层次、推动国内消费升级，助力国家实施需求侧管理。此外，在分配环节通过扩大就业、优化产业分工来扩大价值利益分配格局；在流通环节通过基础设施建设、体制机制保障来提高商品、要素流通效率。二是跨境电商赋能国际外循环，通过进口内向集成全球优质商品和要素资源，推动国内消费升级，促进我国深度融入全球要素分工体系；通过出口外向整合全球商品市场和要素市场，推动国内产业结构优化与升级，促进我国深度融入全球产业分工体系，帮助形成国内国际双循环新发展格局。

我国跨境电商行业发展离不开各项政策的支持，从政策参与主体来看，跨境电商政策的参与主体覆盖较为全面，政策内容致力于各主体协调发展。从政策效力来看，当前我国权威型的跨境电商政策较少，政策整体效力不高，但灵活调整型的政策较多。从政策发展阶段来看，根据政策发布的年度数量和关键政策发布的时间节点可将我国跨境电商政策划分为政策蓄势期、政策红利期、监管过渡期、规范发展期四个阶段。从政策工具类型来看，我国已经形成比较完整的政策工具体系，环境型政策工具使用频率较高，供给型和需求型政策工具使用不多。

跨境电商政策在双循环新发展格局三个形成阶段内具有明显的政策效应：在外向型经济发展格局形成时期，我国跨境电商政策处于蓄势起步阶段。政策重点在于引导促进跨境电商行业发展，规范跨境物流、支付等基础工具，助力我国中小企业通过跨境电商平台扩大出口，从而促进我国外向型经济发展。在外向型经济发展格局调整时期，我国跨境电商政策处于红利期和跨境零售进口政策的监管过渡期。我国跨境电商进一步发展壮大，跨境电商产业链逐步建立，跨境零售进口在政策红利下成为我国释放新的消费潜力、促进消费升级的重要着力点，帮助我国调整外向型经济发展格局，注重通过扩大内需构建国内大循环发展机制。在双循环新发展格局的形成时期，我国跨境电商政策处于规范发展期。我国跨境电商政策体系逐步建立，9610/1210/9710/9810 等跨境电商监管模式逐步完善，在全球经济不景气和新冠肺炎疫情的冲击下，跨境电商成为我国外贸增长和全球经济复苏的重要引擎，跨境电商产业链呈现规模化、集聚化发展态势，助力构建以国内大循环为主体、国内国际双循环相互促进的新发展格局。

我们应该从五个方面加强跨境电商促进双循环发展路径的建设：一是加强跨境电商全产业链建设，夯实经济双循环发展基石；二是完善基础设施建设，打造双循环发展的市场引擎；三是加快数据技术赋能，推进数字贸易双循环发展效应；四是进一步深化对外开放与合作，创造经济双循环发展市场环境；五是推进产业融合与发展，打造具有国际竞争力的产业集群。

本书的研究得到河南省特色骨干学科建设项目资助，在此表示衷心的感谢！本书的完成还要特别感谢张夏恒教授、陈浩东教授分别在第二章、第五章所作的主要贡献，同时感谢学生王家丰同学在资料收集、数据处理与分析等方面所作的主要工作。由于时间和水平有限，书中不足与疏漏之处在所难免，恳请广大读者批评指正！

目 录

第一章
双循环新发展格局的理论阐释

面对国际经济持续低迷、新冠肺炎疫情打击、贸易摩擦不断升级、国内产能过剩等复杂的国内外局势，2020 年 5 月 14 日，中共中央政治局常务委员会会议首次提出"构建国内国际双循环相互促进的新发展格局"，强调从供给和需求两端构建双循环，即一方面"要深化供给侧结构性改革"，另一方面要"充分发挥我国超大规模市场优势和内需潜力"。2020 年 7 月 21 日，习近平总书记在企业家座谈会上强调，要"逐步形成以国内大循环为主体，国内国际双循环相互促进的新发展格局"，并且强调"以国内大循环为主体，绝不是关起门来封闭运行"，"更好利用国际国内两个市场、两种资源，实现更加强劲可持续的发展"，进一步阐释了新发展格局的内涵。2020 年 10 月 29 日，党的十九届五中全会通过的《中共中央关于制定国民经济和社会发展第十四个五年规划和二〇三五年远景目标的建议》提出的"构建新发展格局"是"十四五"和未来更长时期我国经济发展战略、路径做出的重大调整和部署。

一、双循环新发展格局形成的历史动因

中华人民共和国成立以来，我国经济发展格局经历了多次调整。中华人民共和国成立初期，我国独立自主完成了早期工业化的主要任务，这一阶段主要以国内大循环为主。改革开放后，在国民经济从计划经济转向社会主义市场经济后，我国逐渐形成外向型经济发展格局，国际大循环逐渐占主导地位。但进入新时代，基于我国社会主要矛盾变化以及国际环境变化，我国适时提出了构建双循环新发展格局。从双循环新发展格局的形成与调整来看，其本质是基于国际国内矛盾和中国发展现实做出的长期战略选择。在我国开放红利较高时期，我国应重点推进对外开放，促进国际外循环。而在外部环境日益复杂的情境下，我国应重点推动国内改革，推进国内大循环。从当前来看，我国经济的基本面和对外开放格局较好，而且长期发展向好的趋势没有变，具有双循环新发展格局形成的基础条件，尤其是近年伴随着新冠肺炎疫情冲击和贸易摩擦带来的外部压力增大，使得对"以国内大循环为主体，国内国际双循环相互促进的新发展格局"的需求更为迫切。

（一）我国经济社会矛盾变化是推进双循环新发展格局的内在动因

当前中国特色社会主义已经进入了新时代，我国经济已由高速增长阶段转向高质量发展阶段，与之相对应，我国经济社会的主要矛盾发生了变化。党的十九大提出我国社会主要矛盾已经转化为人民日益增长的美好生活需要和不平衡不充分的发展之间的矛盾。

1. 供需结构性不平衡矛盾

在改革开放后我国取得长足的发展，凭借的是充分利用了我国廉价劳动力的比较优势，通过大力发展劳动密集型产业、扩大对外出口、努力开拓海外市场，实现经济社会大发展。依靠出口拉动经济发展的模式本质上是一种外循环发展模式，虽然在起初阶段会取得巨大成就，但长此以往会造成结构性不平衡的新问题：一是由于长期依赖外部的资源市场，不利于国内市场的发展，不能很好地刺激内需增长，从而使经济发展的内生性动力不足。二是长期依赖出口容易受到外部经济的制约，长期依赖外部条件使自身的创造性得不到发挥，不利于自主创新和关键技术攻关。三是实现发展的外部条件具有不可预测性，会增加发展的风险甚至出现关键技术"卡脖子"问题。当前我国经济结构存在的供需矛盾制约着我国形成超大的国内需求和国内市场，使我国经济发展的动力、效率都产生了相当大的阻滞。要彻底革除这些供需矛盾，为经济发展注入强劲动力，就要大力提升消费在经济增长中所占的比重，加强供给侧结构性改革和需求侧管理，改善供需不平衡的结构性矛盾问题。

2. 要素禀赋结构失衡矛盾

经过改革开放前 30 年发展，我国要素禀赋持续改变，经济总量和国内需求规模持续扩大，受这两方面因素的影响，外循环的地位由升到降，内循环的地位持续提升。以前我国将生产的很大部分产品提供给国外消费者，当外需重要性下降时，提高国内居民消费水平很重要，这是国内循环为主体带动经济持续发展的重要因素。随着经济持续增长和其他方面条件的变化，我国要素禀赋持续改变。要解决好国民经济循环中供给与需求匹配、资源配置效率提高等根本性问题。过去多年我国处于以数量扩张为主的时期，大量资源投入以扩大生产能力，从而带动经济增长。现在进入经济高质量发展时期，不仅要投入生产要素，还要决策怎么优化结构、怎样提升全要素生产率、如何在激烈的竞争中获得发展能力。

3. 经济增长与高质量发展矛盾

改革开放以来，高增长的背后一定程度上存在着高消耗、高污染和高杠杆。一方面，伴随着居民收入差距不断扩大，基尼系数已经长期处于 0.4 以上，高于世界银行的警戒线；另一方面，关键技术缺乏、地区发展失衡、城乡二元结构等不平衡不充分问题凸显。近年来，供给侧结构性改革取得阶段性成果，"去产能、去库存、去杠杆"有重大进展，但成本问题和短板问题依然是摆在眼前的长期问题，推进结构性改革，发挥市场机制形成可持续发展格局的重要性日益凸显，将成为供给侧结构性改革的重点。在全球化过程中，国与国之间的竞争与合作并存，只有做好自己的事，提升本国价值，才能在全球化中获得更大的合作空间，而这正需要畅通国内大循环，进而形成国内国际双循环相互促进的新发展格局。

（二）全球经济不稳定是推进双循环新发展格局的外在动因

1. "逆全球化"贸易摩擦升级

当今时代各个国家都在谋求发展，在发展过程中不断推进全球化的进程，但在全球化进程中也出现了失业率上升、贫富悬殊、民粹主义等问题。发展中国家谋求突破旧的全球治理体系以实现自身的发展，发达国家由于自身矛盾以及为维持自身发展优势设置更多障碍以阻止发展中国家的发展，在多方共同作用下呈现出逆全球化的发展态势。自 2008 年全球金融危机后，逆全球化现象就此起彼伏，尤其是近年，单边主义、贸易保护主义盛行。在逆全球化的国际背景下，国际间投资直线下滑，全球对外贸易不断降低，对外贸易增速创下历史新低。逆全球化会对全球供应链、产业链的稳定和安全造成致命的冲击，在新冠肺炎疫情影响下，这种冲击会更加明显，使我国面临的外贸形势更加复杂和严峻。

2. 多风险叠加冲击等外部环境变化

国际层面，当前，全球正处在公共卫生风险、经济金融风险、地缘政治风险等多风险叠加中，中国对外开放过程中的外部环境变化是推进双循环新发展格局的重要因素。国内层面，我国经济遭到直接冲击，尤其对服务业的冲击较为严重，国内供应链遭到一定程度破坏。新冠肺炎疫情防控虽然取得巨大成效，但对经济的影响依然存在不确定性，市场信心受到影响。全球供应链受到极大冲击，全球经济在较长一段时间难以恢复，并通过供应链进一步放大了对全球经济的影响。面对中美贸易摩擦与全球新冠肺炎疫情带来的冲击，畅通国内大循环变得更为迫切。

3. 全球价值链断裂风险加剧

全球价值链的快速发展既改变了世界经济格局，也改变了国家间的贸易、投资和生产联系。自 2008 年国际金融危机以来，世界经济步入深度调整与结构再平衡的状态，由跨国公司主导的全球产业链未能显示继续扩张的趋势，其中有些部分有明显收缩。这表明以大规模跨国投资驱动、高增长中间品贸易为特征的全球价值链步入深度调整期。中国作为最大的世界工厂在全球价值链中占有重要的地位，在全球百年未有之大变局下，"外循环"随时代不断发展变化，从产业间分工、产业内分工向全球产业链、全球创新链演进，并在近十几年来进入数字产业链和创新链阶段。由于各国的国情、发展阶段和外部环境不同，"内循环"和"外循环"的地位、比重和两者关系有较大差别。国外环境的深刻变化给全球供应链和价值链带来巨大的冲击，为此，我国政府明确提出加快形成以国内大循环为主体、国内国际双循环相互促进的新发展格局，通过双循环在大变局中开新局。

二、我国双循环新发展格局形成的经济基础

（一）国际经济基础

自 2008 年国际金融危机爆发以来，虽然各国政府通过宏观调控、政策支持拉动了经济增长，但资本主义供需关系的根源性矛盾并未得到根本解决。随着经济增长动能弱化、经济下行压力增大，民粹主义和保护主义逐渐抬头并呈现出蔓延态势，这对经济全球化进程形成了强烈冲击，严重威胁到产业链和供应链的稳定。为有效遏制新冠肺炎疫情的蔓延之势，确保人民生命安全和身体健康，许多企业被迫停工停产、外贸企业停止发货，全球产业链基本停摆，供应链出现暂时断供。面对错综复杂的国际形势，党中央高瞻远瞩，在指导对外工作方面提出了要树立正确的历史观、大局观、角色观，形成对国际经济社会发展形势的准确预判。

1. 经济全球化浪潮下和平与发展依然是时代主题

近年来，在全球化进程中出现了全球贫富悬殊拉大、失业大幅上升等一系列逆全球化问题，尤其自 2008 年国际金融危机爆发以来，成为全球化逆转的"分水岭"，随后出现了"二战"以来持续时间最长的逆全球化时期。逆全球化引发的全球产业链、供应链调整势必对我国现有的优势地位和供应链安全产生深层次影响。新冠肺炎疫情暴发以来，各国从供应链安全角度考虑进行供应链的调整，会进一步加剧经济去全球化的趋势。虽然新冠肺炎疫情并未改变各国的成本结构和技术能力，但新冠肺炎疫情下全球产业链、供应链重塑已经成为世界经济发展的明显趋势。新冠肺炎疫情的全球流行向全人类证明了一个道理，当今世界各国经济紧密相连，全世界人民命运与共，只有全世界各国人民联合起来共谋和平与发展，才能够真正解决大家共同面临的问题，维护世界产业链和供应链的稳定，从而实现全球包容性的可持续发展。

2. 国外不稳定性和不确定性因素增加，国际环境日趋复杂

近年来，随着全球政治经济环境变化，逆全球化趋势加剧，有的国家大搞单边主义、保护主义，传统国际循环明显弱化，经济全球化遭遇挫折，贸易摩擦加剧，我国依靠出口拉动经济增长的动能逐渐削弱，进出口贸易不可避免地遭受负面影响。当前，新冠肺炎疫情在许多国家仍未根本缓解，部分发达国家和新兴经济体都已制定本国新的产业发展规划或对原有规划进行调整，同时加强外资审查和本国产业保护，吸引海外制造业回归或做出新的布局，产业链、供应链安全风险加剧。因此，从长远看全球经济短时间内很难走出衰退期，外部需求持续疲软将会持续很长时间，我国经济依靠"两头在外"（原材料来源于国外，产品销往

国外）的国际大循环动力明显减弱，依靠外需带动经济增长的发展模式陷入困境。

3. 科技竞争加剧，核心技术受制于发达国家

当前全球制造业正经历深刻变革，新一轮科技和产业革命正在孕育兴起。随着逆全球化潮流的兴起，中国核心技术受制于发达国家，使核心技术产品面临断供的风险。新冠肺炎疫情全球蔓延下主要经济体开始考量经济全球化模式下生产产业链和需求供应链的风险问题。生产基地将尽可能地靠近终端消费市场，供应链将尽可能缩短并更加趋向多元化，以便灵活地应对各种突发事件。因此，把满足国内需求作为发展的出发点和落脚点，加快关键核心技术攻关，加快形成以国内大循环为主体、国内国际双循环相互促进的新发展格局成为中国经济应对逆全球化趋势的必然选择。

（二）国内经济基础

2008 年全球金融危机爆发，中国对外出口遭遇冲击，转变经济方式势在必行。

经过十多年的经济结构调整，中国对进出口依赖大幅下降，崛起的消费市场正在成为拉动经济增长的第一大动力。党的十八大以来，面临着国内经济新常态的现实情况，在综合研判国内经济社会发展形势的基础上，以习近平同志为核心的党中央从实际出发，出台了一系列宏观经济调控政策，为中国经济行稳致远地发展提供了强大的制度保障，为我国提出双循环提供良好的国内经济保障。

1. 我国拥有超大规模内需市场

经过改革开放 40 多年的发展，中国已经成为世界第二大经济体。从需求看，中国具有规模广阔、需求多样的国内超大规模

消费市场。超大规模市场成为我国经济发展中的新比较优势，超大规模消费市场形成的超大规模内需已成为拉动中国经济发展的决定性力量。据《世界贸易统计评论2020》统计，2019年世界商品进出口总额达371700亿美元，中国进出口占世界贸易的12.3%，另据中国国家统计局统计，2019年中国人口为140005万人，中国人口约占世界人口的18.15%，拥有超过4亿的全球最大的中等收入群体。中等收入群体作为内需的主力军，在推进内循环进程中发挥重要作用，中国长期存在高储蓄、居民消费意愿不足的现象，随着中等收入群体增加，国家刺激消费政策导向支持，社会保障体系日益健全，让居民放心消费的环境逐渐塑成。随着中国经济水平上升和消费需求升级空间的充分释放，国内市场规模空间会更大，将形成超大规模的国内需求。

2. 我国已经深度融入全球产业链

中国拥有规模巨大市场优势的同时，在贸易、企业、资本、人员、数据、技术等方面都已经深度融入全球产业链、价值链中。从供给看，我国已经是世界制造业第一大国，拥有世界上最完整、规模最大的工业供应体系，是唯一一个拥有联合国产业分类中全部工业门类的国家。一般来说，一国能生产的产品品种越多，说明产业链越齐全。根据我国海关数据统计，2019年我国有超过7932种产品出口。我国全产业链的比较优势非常明显。经过40多年的高速发展，中国各地区已经发展完善具有鲜明特色的产业集群，如东莞的电子产业群、汕头的玩具产业群、廊坊的家居产业群等，对于完善专业分工、降低交易成本具有明显的正向溢出效应。产业集聚效应带来的价值，让中国的全产业链参与全球经济循环时具有十分明显的比较优势。

3. 我国在当前阶段面临重要的发展机遇

经过 70 多年的工业化进程，我国已经基本完成工业化。近年来我国进行供给侧结构性改革带动我国内部结构性矛盾缓解，我国经济韧性增强，同时加大科技创新力度，我国国际专利申请数量已经超过美国成为全球第一，创新能力不断进步的趋势使我国在全球价值链中稳步攀升，经济发展对外依赖性逐步降低。在面对部分国家对中国的出口限制，中国需要用自主创新能力加促产业升级转型，加快"补短板"，摆脱"卡脖子"问题，通过技术革新、自主创新实现"中国制造"向"中国智造"转型，以制造业为依托的经济体发展空间巨大。在新冠肺炎疫情冲击下，全球多数国家经济进入深度衰退阶段，而我国基于新冠肺炎疫情防控的扎实基础，已经在 2020 年第二季度实现经济正增长，说明我国经济基本面良好。而且，在应对新冠肺炎疫情冲击中，我国当下具有较多政策工具和较大的政策空间，具备构建双循环新发展格局的基础条件。

三、双循环新发展格局的内涵逻辑

双循环新发展格局提出后，得到学界的广泛关注。学界普遍认同双循环是我国应对国内外新发展态势的战略选择，具有十分重要的现实意义。这一目标既是应对全球经济贸易格局出现短期重大变化的战略，也是对改革开放以来我国经济发展规律的根本遵循，更是我国未来深化改革、扩大开放、经济高质量发展的根本遵循和长远战略。

在双循环新发展格局中,国内大循环和国际大循环之间是辩证统一的,既相互促进,又相互制约。一方面,国内大循环是双循环的主体,依托国内强大的内需市场,并不是"闭关锁国",而是为了更好地融入世界经济并带动国际大循环。另一方面,国际大循环是双循环的支撑,通过国际大循环能够为国内大循环提供更大空间,注入更多的动力。畅通国内大循环是实现经济双循环的前提,赋能国际大循环是加快推动国内大循环的保障,最终形成国内国际双循环相互促进的新发展格局。

(一)国内大循环为主体

在双循环新发展格局中,国内大循环是主体。在全球经济不振、需求乏力、流通不畅的情况下,我国进一步扩大出口的难度越来越大,必须以满足国内需求作为发展的出发点和落脚点,主要依靠我国超大规模优势的内生动力构建完善的内需体系并形成国内循环来稳定我国经济增长、带动全球经济发展。畅通国内大循环就是要实现国内供给端和需求端的平衡,打破生产、流通、分配、消费各个环节的壁垒,促进商品、要素在国内循环流动。畅通国内大循环要求重点完善内需体系和推动创新,消除生产、分配、流通、消费各个环节存在的扭曲和梗阻问题,实现产业升级和消费升级的相互促进。

1. 生产环节

生产环节是我国国内大循环的起点,作为国内经济的供给端,生产环节的重点在于推动产业升级、维系产业链安全。生产环节的畅通离不开科技进步、创新驱动。改革开放40多年以来,我国的科技进步、创新发展取得了举世瞩目的成就。但是当前在国内、国际挑战下，创新体系的短板仍然十分突出，创新机制不顺畅甚至在一定程度上存在割裂。在产业生产的技术投入方面，还存在部分高精尖技术短缺带来的制约问题。在前期的发展中主要依靠引进外商投资和购进先进设备，在当前发展阶段引进式模仿创新已经不能满足产业升级的需求，生产环节高端、关键、核心的技术供给严重短缺，致使我国部分生产领域的产业链与供应链在关键元器件、核心零部件的供给方面存在明显的短板，产业链体系尤其是高端产业技术要素的自我供给能力不足，供给质量不高、结构性短缺的问题较为突出。

2. 分配环节

分配环节对于效率与公平兼顾的程度将直接影响消费环节居民的消费能力，进而影响居民有效消费需求的释放，最终影响消费升级。在以出口导向为主的国际经济大循环下，我国凭借廉价劳动力这一比较优势，接收国外发包并进行代工和加工生产，制造业长期处于全球价值链的低端环节，而研发设计、市场销售等大量高额利润环节被国外资本所垄断，微薄的利润空间在一定程度上制约了制造业部门劳动力工资的上涨，在初次分配中我国消费者的价值利益处于被动的状态。此外，在经济发展初期，为了实现经济快速增长，具有地缘优势的城市地区、东部地区、工业行业优先发展起来，这种不平衡的发展战略在带来经济高速增长的同时，也使得城乡之间、区域之间、行业之间出现两极分化并衍生出收入差距问题，与之相对应的国家税收和转移支付等再分配的作用力度就显得相对较小，不能抵消收入分配不平衡的经济效应。

3. 流通环节

流通环节主要包括商品流通与要素流通。商品与要素流通顺畅与否直接影响着生产环节与消费环节的对接与畅通好坏。就商品流通方面而言，存在物流成本偏高、物流基础设施不完善等问题。城乡之间流通基础设施供给不均衡明显，农村地区物流条件受限。与城镇地区相比，受经济发展水平、地形地貌等因素的影响，我国农村地区道路、交通枢纽、配送网点相对不足，大部分物流配送网点只设置到乡镇一级，"最后一公里"问题仍未得到有效解决。就要素流通方面而言，诸多隐性成本的存在致使劳动力、资金、土地等要素的自由流动受限。受地理区位和经济发展水平影响，不同地区生产要素的存量和增量差异较大，由国内经济发展不平衡引起的东西部之间、城乡之间等的发展出现分化，因而要素流动整体呈现从西部到东部、从乡村到城市的单向流动，导致我国要素市场分割且要素自由流动受限。

4. 消费环节

消费者必须同时具备消费能力与消费意愿才能形成有效的消费需求，消费环节的提升在于扩大消费规模、优化升级消费结构。就总体消费能力而言，分配环节存在的劳资分配不合理问题使得我国人均收入水平依旧相对较低。高收入群体与中低收入群体之间消费能力差距过大，导致消费分层与消费不平等现象明显，中低收入群体因消费能力不足而部分潜在消费需求无法得到释放，制约了我国消费结构优化升级。此外，教育、医疗、养老等公共消费率偏低挤压居民消费支出，公共消费率偏低导致居民对未来的不确定性预期提升，其预防性储蓄动机增强而消费意愿不足。同时消费环境欠佳致使居民消费意愿不足，从而不利于居民潜在消费需求的释放，并进一步制约了生产环节的有效扩张与国内经济的循环畅通。

（二）国内国际双循环相互促进

在全球化逆潮中，以国内大循环为主体不是"闭关锁国"，不是对外脱钩，恰恰相反，国内国际双循环相互促进，主动提高对外开放水平，把握对外开放主动权，推动更高水平的"引进来"和"走出去"。从需求方面看，以国内大循环为主体，释放国内经济与消费潜力，充分利用国内大市场，做好中国经济内循环，不断完善内需体系，提高中国经济的吸引力，以更高水平融入世界经济。同时，开拓国际市场，带动中国资本和产品走出去。从供给方面看，以国内大循环为主体，深化供给侧结构性改革，中国经济增长将成为全球经济复苏的重要引擎。通过国际大循环引进更多先进技术，为国内大循环提供动力，提高中国产品的国际竞争力。

伴随着我国改革开放的深入，我国对外开放水平进入了新阶段。在新的历史时期我国需要转变开放方式，更好掌握对外开放主动权。一方面，基于内循环的畅通，未来将更具长期增长动力，直接提高中国各层次国际化水平，通过畅通国内大循环，可以降低对外依赖程度，具有更强的经济韧性以应对外部冲击，为国际大循环提供稳定"锚"，从而掌握对外开放主动权，推动形成全球治理新格局。另一方面，产品、服务、技术的进出口是国际循环的主要内容，当前我国产品和服务的进出口需要努力克服出口低附加值向高附加值转变、进口高端消费结构性短缺等问题。此外，技术引进和对外扩散需要努力克服引进壁垒过高、对外扩散空间受挤压等问题。

四、双循环新发展格局的实现路径

构建以国内大循环为主体、国内国际双循环相互促进的新发展格局，既畅通国内循环，又促进国外循环。通过强化国内经济大循环创造更多新需求，为其他国家提供更多市场机会；畅通国际大循环为国内大循环创造要素支撑，促进国际国内要素流动与合作，耦合产业链、供应链、创新链三个链条，推动商品、要素在国内国际循环流动。

（一）畅通国内经济大循环为主的双循环新发展格局

畅通国内大循环，结构性改革是核心，要求需求侧和供给侧结构性改革同步推进，重点做好收入分配调节、社会保障建设、市场制度建设和创新驱动，推动国内经济充分平衡发展。2015年11月10日，习近平总书记在中央财经领导小组第十一次会议上发表重要讲话，首次提及供给侧结构性改革。此后，2016年和2017年以去产能为工作重心，并提前完成大部分目标，2018年全部完成去产能预设目标。从2017年年末2018年年初开始，供给侧结构性改革的重心逐步转向去杠杆、防风险。到了2018年后期，经济环境出现两个方面的变化：第一，供给侧结构性改革在去产能、去杠杆领域已经或正在取得重要进展，经济和金融领域的短板、梗阻成为更为突出的问题。第二，投资增速持续回落，外部需求增速明显放缓。为应对以上两个变化，我国经济政策思路开始调整。2018 年 12 月的中央经济工作会议明确提出"畅通国民经济循环"、"促进形成强大国内市场"。

从需求侧来看，要建立完善的内需体系既要提升居民消费能力，又要提升居民消费意愿。需求侧改革的目标是推动消费升级，以满足人民日益增长的美好生活需要。在实现国内大循环的过程中必须充分挖掘国内的消费潜力，将满足人民群众对美好生活的向往作为内循环的出发点和落脚点，通过扩大内需提升内循环的效率。从供给侧来看，推进供给侧结构性改革的重点在于提高供给体系质量，既要降低市场成本盘活存量，又要提升创新能力拓展增量。一要加大基础研究投入，集中力量补短板，提升我国原始创新能力。二要完善创新体制，提高我国技术转化能力，建立连接技术和产业的孵化基地，重点发挥资本市场服务创新的能力。畅通国内大循环通过持续深入推进现代市场经济建设深化改革，消除市场扭曲，降低交易成本，消除生产、分配、流通、消费各个环节存在的扭曲和梗阻问题，实现产业升级和消费升级的相互促进。

（二）以科技创新赋能双循环发展

在制造业全球价值链分工有所停顿与减速的同时，在新一代通信技术和数字技术加持下，复杂技术产品全球分工、服务业全球分工和创新活动全球分工等新型全球化形态快速推进。最近几十年，研发活动的生产率呈现下降趋势，相同水平的技术进步需要越来越多的研发投入。不断下降的研发生产率要求研发投入必须更快增长，使得企业独自开发新技术日益困难且不可持续。这种情形下，由复杂技术体系构成的产品需要全球分工与合作，提高创新和制造过程的劳动生产率。每家企业专注于自己擅长的领域，提供最高水平的零部件或加工工序，多国多企业合作协同。

以云计算、大数据、物联网、移动互联网、区块链等新一代互联网技术，人工智能、虚拟现实、智能传感器等新一代信息技术，高性能机器人、3D 打印等先进制造技术，基因工程、脑科学等生命科学技术，石墨烯等新材料技术为主的新科技为驱动力，赋能双循环发展。实现核心技术自主可控，在传统产业领域，实施技术改造升级，推进 5G、新能源汽车充电桩、大数据中心、人工智能、工业互联网等新型基础设施建设，以新基建为驱动释放巨大需求，助推传统产业数字化并完善中国创新体系，破除"数据鸿沟"，推动数据要素循环，加快传统产业的智能化、数字化转型。

（三）以高水平对外开放打造国际合作和竞争新优势

我国以国内大循环推动中国经济增长，并通过增加进口和对外投资带动世界经济复苏，推动国际经济大循环，形成国内国际双循环相互促进的新格局，进而推动建设开放型世界经济。我国需要全方位推进对外开放，重点做好自贸区（港）、高水平开放政策保障机制，推动构建更高层次的开放型经济。在自贸区（港）建设方面，关键在于探索对外开放新体制机制，不断总结经验形成模式，拓展对外开放深度和广度。在高水平开放政策保障机制方面，不仅要加快推进国内各领域改革，还要推进本币主导下的渐进金融开放，牢牢把握对外开放主动权，完善汇率制度，统筹资本账户开放和人民币国际化。

随着技术发展，未来的全球经济必然深度融合，全球化过程必然是螺旋上升过程，中国以国内大循环为主体、国内国际双循环相互促进的新发展格局在推动中国走向更高层次开放型经济过程中，必将引领新一轮全球化。基于"一带一路"倡议，以国内经济大循环为依托，应重点推进区域经济一体化，在经济全球化融合发展趋势下积极提出全球治理规则的中国方案，优化国际治理，构建创新、活力、联动、包容的开放型世界经济，让全球化真正普惠全球大众，引领新全球化浪潮，推动构建人类命运共同体，实现全人类共同发展共同繁荣。

五、我国双循环新发展格局的时代价值

面对复杂多变的国际国内形势，从理论与实践、历史与未来以及国际与国内等不同视角来看，"十四五"时期构建以国内大循环为主体、国内国际双循环相互促进的双循环新发展格局，是应时代之变而产生的新思维、新论断、新实践，有着极具意义的时代价值，它不仅指明"十四五"时期我国经济健康持续发展的方向，还能化解"十四五"时期高质量发展面临的新困境，为破解中国经济发展新困境提供新思路，为中国特色社会主义经济持续发展指明新方向，为世界新一轮经济复苏注入新动力。

（一）为中国经济高质量发展提供新思路

党的十八大以来，党中央始终坚持稳中求进工作总基调，坚定不移贯彻新发展理念，深入推进供给侧结构性改革，大力实施创新驱动发展战略，稳步推进"一带一路"建设、京津冀协同发展和长江经济带发展，显著推动社会主义现代化经济体系建设和

经济高质量发展，逐步形成了习近平新时代中国特色社会主义经济思想。我国经济取得稳步发展，已经成为世界第二大经济体、制造业第一大国、货物贸易第一大国、商品消费第一大国、外资流入第二大国和外汇储备第一大国。然而在逆全球化、新冠肺炎疫情、国内经济发展转型的内外多重压力之下，中国经济发展出现了新难题、新困局。

在此背景下，党中央审时度势，提出加快形成以国内大循环为主体、国内国际双循环相互促进的新发展格局，为中国经济困局突围提出了新思路。这些思路包括：①当前和今后一个时期，我国发展仍然处于战略机遇期，但我国经济稳中向好、长期向好的基本趋势不变。②把满足国内需求作为发展的出发点和落脚点，加快构建完整的内需体系。③进一步深化供给侧结构性改革，破除流通领域存在的结构性、机制性、技术性障碍，使生产、分配、流通各环节更多依托国内市场实现良性循环，不断满足人民日益增长的美好生活需要。④坚持科技创新是引领发展的第一动力，加快推动科技创新和关键核心技术攻关，打造未来发展新优势，提供循环新动能。⑤兼顾效率和安全，平衡利用国际国内两个市场、两种资源，不搞自我封闭的"全能型"经济体系。⑥通过发挥内需潜力、推动发展内外联动，构建国内大循环带动国际大循环、国际大循环促进国内大循环的新发展格局等。

（二）为我国经济持续健康发展指明新方向

当前在新冠肺炎疫情影响下，国际形势变化莫测，全球供应链、产业链面临重新洗牌，我国的发展也出现许多新情况、新问题，双循环新发展格局在这种时代之变中应运而生。双循环新发展格局是"十四五"时期推动我国高质量发展的重大战略部署，构建双循环新发展格局是一个长期的复杂的系统工程，既涉及国内也涉及国际，既包括供给侧也包括需求侧，不是短期内就可以实现的，既需要系统谋划、整体安排，又必须统筹兼顾、协调推进。从整体来看，构建双循环新发展格局，归根结底在于解决好以下两个问题：

第一，解决好内循环问题。在当前世界经济低迷的情况下，要想实现经济复苏，各国都应该把重心放在国内大循环上。对于中国而言，关键就是要始终立足社会主义初级阶段这个最大实际，把满足国内需求作为发展的出发点和落脚点，加快构建完善的具有超强超大规模优势的内需体系。通过一系列的财税经济政策保障彻底让人民群众能够可消费、能消费、敢消费。具体来讲，一是必须加强和改善政府的宏观调控，充分用好货币、税收、财政三大杠杆，深入推进减税降费；二是想方设法提升居民收入，加大就业扶持力度，健全社保体系，打通制约居民消费和企业投资的痛点、堵点，释放投资，恢复国内消费市场；三是加大对科教文卫事业的投入，提升公共服务水平，充分释放消费潜力，通过创新业态、产品、服务满足人民群众的多样化、个性化消费需求，提高人民的消费水平。

第二，解决好外循环问题。虽然当前逆全球化现象盛行，但长远来看整个世界终会迈入更高水平的全球化。从理论上讲，要解决好"外循环"就是要处理好全球化的治理体系问题、全球化治理平台问题、全球化供应链条和产业链条问题。在实践上，我国必须积极参与到全球治理中去，推动世界贸易组织改革，实现全球治理体系的变革，推动全球化更加公平公正、合作共赢；必须深入推进"一带一路"建设，推进各项自贸区谈判和投资协定的落实；要积极建设各种对外贸易平台，如自贸区、自贸港、开放型经济试验区等；加大我国产业链的转型升级，加强与周边科技发达国家合作力度，构建"中国—东盟"资本密集型和劳动密集型产业链，更加注重研发，形成自主品牌。加强与日本、韩国、新加坡等国合作，构建以电子信息为主的东亚高技术产业链，扩大与"一带一路"沿线国家产能合作，构建"一带一路"资本密集型产业链，加强国内中西部地区产业转移，构建"东部设计—中西部加工"产业链。

（三）为新一轮世界经济复苏注入新动力

在改革开放后，我国逐渐发展到世界产业链、供应链的核心地位，成为推动世界经济发展的一大重要枢纽。我国积极参与全球事务并在各项事务中发挥出应有的作用，充分展现出一个负责任大国的形象，我国经济发展已经成为世界经济发展的重要推动力。在新冠肺炎疫情的影响下，世界经济萎靡不振，中国是率先实现经济发展正增长的国家，世界经济要想实现新一轮的复苏，中国的经济发展在其中扮演着重要的角色。新冠肺炎疫情发生以来，我国采取了最为严格的防控措施，使新冠肺炎疫情在短时间内得以控制，我国的经济社会发展步入正轨，并间接地为拉动世界经济走出低迷状态做出了应有的贡献。

随着我国经济社会的恢复和发展，我国进出口正逐渐恢复，使被新冠肺炎疫情打断的全球供应链、产业链得以接续，从而推动我国成为新一轮世界经济复苏的"火车头"。我国现在经济总量稳居世界第二，"十四五"时期我国经济发展将进一步得到巩固，在"十四五"时期构建并推进双循环新发展格局，不断健全和完善推进双循环新发展格局的体制机制，激发我国国内需求的巨大潜力，实现国内市场与国际市场的互联互通，促进国内资源与国际资源的优势互补,推动国内循环与国际循环的良好互动,助推我国经济社会更高质量发展,为世界上其他国家实现高质量发展提供有益借鉴,从而推动整个世界经济的快速复苏。

第二章

双循环新发展格局背景下跨境电商发展

一、双循环新发展格局下我国跨境电商的发展现状

跨境电商快速崛起、高速发展，突破了时空限制，满足了消费者日趋个性化、多样化的需求，以独有的优势推动着国际贸易形态的急速转型。跨境电商备受国家关注，习近平总书记多次强调要发展跨境电商等贸易新业态、新模式。近年来的政府工作报告均提及跨境电商，提出运用新技术、新模式改造传统产业。我国传统产业进入瓶颈期，亟须转型升级。党的十九大报告明确提出，"支持传统产业优化升级，加快发展现代服务业，瞄准国际标准提高水平。促进我国产业迈向全球价值链中高端，培育若干世界级先进制造业集群"。党的十九届五中全会通过的《中共中央关于制定国民经济和社会发展第十四个五年规划和二〇三五年远景目标的建议》明确提出，"发展数字经济，推进数字产业化

和产业数字化，推动数字经济和实体经济深度融合，打造具有国际竞争力的数字产业集群"。新冠肺炎疫情在全球范围内持续蔓延，其对经济、社会、技术、商业模式、企业都产生了巨大影响，加速了全球跨境电商及相关方面的改变。跨境电商发展不断成熟，阶段性特征愈发显著，最终将在持续量变积累下实现质变，影响到我国经济发展、消费升级、外贸转型、产业变革等多个方面。

国内学者对双循环新发展格局展开较多研究，普遍认为双循环新发展格局对于我国应对国内外复杂形势、推进经济高质量发展具有重要的现实价值（陈文玲，2020；贾康，2021；江小涓和孟丽君，2021）。在大数据、云计算、移动互联网、人工智能、区块链等数字技术推动下，数字经济蓬勃发展，已成为促进双循环新发展格局构建的重要推力（韩彩珍和张冰晔，2020）。作为数字经济的形式之一，跨境电商同样会成为促进双循环新发展格局的重要力量。但是，跨境电商又不完全等同于数字经济，其自身具有一些显著的特征（张夏恒等，2020）。因此，探究跨境电商促进双循环新发展格局的话题具有较高的理论价值与现实意义。

（一）我国跨境电商交易规模逐年递增，与外贸形成较大反差

近年来，我国传统进出口贸易增长乏力。据《中国统计年鉴》数据，2014 年我国货物进出口贸易规模约为 26.4 万亿元，2019 年约为 31.6 万亿元，增长率约为 19.7%；逐年环比看，传统外贸进出口增速放缓，甚至 2015 年、2016 年在进出口方面均出现负增长。与增长疲软的传统外贸相比，我国跨境电商则呈现飞速发展趋势，市场规模逐年剧增。如图 2-1 所示，据网经社电

子商务研究中心的统计数据显示，2014 年我国跨境电商交易规模为 4.2 万亿元，2020 年规模为 12.5 万亿元，增长率约为 198%。早些年，我国跨境电商年增长率超过 30%，近年来增长率也是两位数。再据海关统计数据（此数据为纳入海关监管的跨境电商交易数据），2020 年我国跨境电商进出口 1.69 万亿元，增长 31.1%。其中，出口 1.12 万亿元，增长 40.1%；进口 0.57 万亿元，增长 16.5%。在新冠肺炎疫情持续冲击下，2020 年我国货物贸易与跨境电商进出口的反差更加凸显。据中国海关总署、亿邦智库及前瞻产业研究院相关数据，2020 年第一季度的货物贸易进出口增速为 -6.4%，第二季度为 -3.2%，第三季度实现转负为正；跨境电商进出口则一直保持逆势增长，第一季度增速为 34.7%，第二季度为 26.2%，第三季度则为 52.8%。由此可见，我国跨境电商与传统外贸呈现"冰火两重天"，且跨境电商对传统外贸的挤出效应显著。

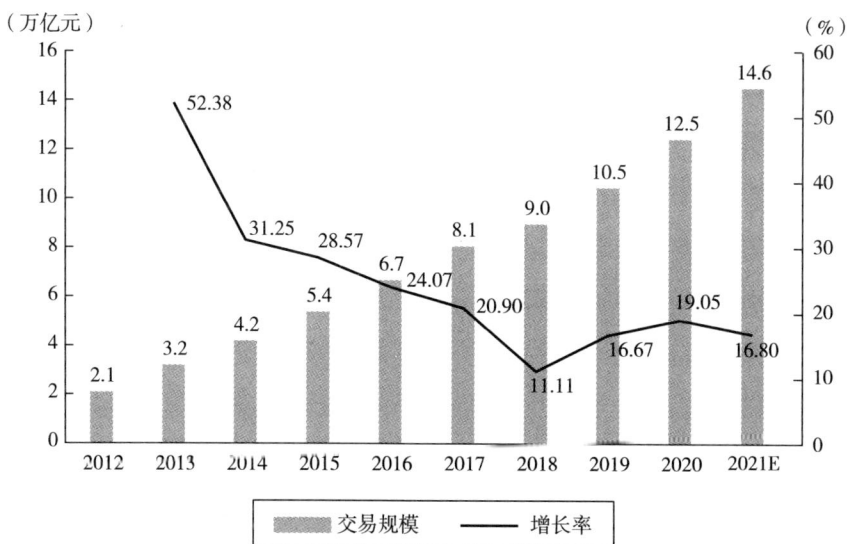

图 2-1　我国跨境电商交易规模及增长率

资料来源：网经社电子商务研究中心。

（二）我国跨境电商向新兴市场、"一带一路"沿线国家发展趋势显著

从国别看，据中国海关总署、亿邦智库及前瞻产业研究院相关数据，虽然欧美仍是我国跨境电商最主要的市场，但我国跨境电商企业对东盟、日本、韩国、俄罗斯等市场越发重视，尤其是东盟市场。2020年，东盟成为我国最大的贸易伙伴，东南亚也是我国跨境电商企业看重的市场。阿里巴巴收购 Lazada Group SpA，为我国企业进入东南亚跨境电商市场提供了更好的渠道与平台。非洲、拉丁美洲、中东的市场由于我国跨境电商企业入驻率不高，未来将有很大的拓展空间。"一带一路"沿线国家成为我国跨境电商重要的市场，如2019年我国与"一带一路"沿线国家的进出口总值达到 9.27 万亿元，增长 10.8%，比外贸整体增速高出 7.4 个百分点。

（三）跨境电商平台与独立站双轮驱动的发展趋势愈发凸显

从企业层面看，亚马逊、阿里巴巴国际站与速卖通是我国跨境电商企业偏好入驻的前三位跨境电商平台；此外，Shopee、Lazada Group SpA 两个面向东南亚市场的平台也是我国跨境电商企业出海的重要选择。随着近年来的发展，平台型跨境电商强势崛起，如亚马逊、eBay、速卖通、Wish 等第三方跨境电商平台逐渐成为主流平台，且控制着全球跨境电商业务，这些第三方跨境电商平台企业运营成本越来越高，对交易影响力度越来越大，对供应商的控制越来越强。为了逐步摆脱第三方跨境电商平台的垄断，越来越多的企业已经或正在规划开设独立站，跨境电商逐渐进入立体化渠道布局阶段。在新冠肺炎疫情持续冲击下，独立站

发展飞速。独立站的兴起除受到第三方平台的运营成本增加、头部效应越发显著等因素影响外，更多是第三方平台对中小企业的管理越来越规范，罚款或封号对于中小卖家更加普遍；加上独立站开发工具更加普及，如 Shopify 等海外服务商大力开发中国业务，PingPong、连连等我国本土的独立站服务商也在崛起，这都降低了独立站的进入门槛。大部分从事跨境电商业务的企业，在第三方跨境电商平台的业务发展到一定的瓶颈后都会倾向于渠道多元化，从而进入更多、更好的渠道。这些因素都刺激了跨境电商独立站的快速发展。

（四）陆续出台一系列的利好政策，有力地推动了跨境电商发展

在经济全球化、电商愈发普及的大趋势下，全球跨境电商市场需求不断得到释放，尤其新冠肺炎疫情持续蔓延更刺激了跨境网购消费习惯。随着大数据、云计算、移动互联网、人工智能、区块链等数字技术广泛运用在跨境电商产业链的生产、物流、支付及服务等环节，跨境电商行业效率得到大幅提升。近年来，我国陆续分 5 批次设立了 105 个跨境电商综合试验区，在全国范围内进行布局，还增设了跨境电商试点城市、服务贸易创新试点城市，陆续试点"1210"、"9610"、"9710"、"9810"海关监管模式创新，在 49 所院校开设跨境电商本科专业，并打通了技工学校、中等职业学校、高等职业院校及本科院校的跨境电商人才培养体系。伴随诸多利好政策的陆续出台，我国跨境电商行业将迎来新的发展契机。

二、新冠肺炎疫情冲击下跨境
电商发展存在的问题

跨境电商作为外贸新业态正在快速成长，对全球经济复苏和持续发展发挥着独特的作用。2020年，我国跨境电商行业业绩逆势增长，对促进我国进出口贸易发展做出巨大贡献。随着跨境电商行业发展加速，我国跨境电商企业数量在快速扩大。据企查查的数据显示，2019年官方备案注册成立的涉及跨境电商业务的企业数量为3593家，2020年为6145家，增长幅度约为63.87%。我国疫情已得到一定程度的控制，但全球新冠肺炎疫情仍在持续蔓延。受全球新冠肺炎疫情波动影响，我国新冠肺炎疫情呈现小范围反复暴发的状态，在新冠肺炎疫情持续冲击下，新冠肺炎疫情防控向常态化转变（张劲松，2020）。我国跨境电商行业如何在新冠肺炎疫情持续冲击下拥抱机遇、突破障碍，继续保持高速增长将成为人们关注的焦点。

新冠肺炎疫情持续肆虐全球，不断冲击着世界各个国家的经济、社会秩序。自新冠肺炎疫情暴发后，学术界从新冠肺炎疫情视角探究我国对外贸易和跨境电商的学术成果逐渐增多。在新冠肺炎疫情对外贸的影响方面，沈国兵（2020）、李子联和陈强（2021）从国家整体视角分析了新冠肺炎疫情对外贸的影响；吴君民和徐刘阳（2020）、展金泳等（2020）分别认为新冠肺炎疫情对能源产品、国外医疗防护设备以及工业制成品的影响较强；

王海军和刘超（2020）、张夏恒（2020）分别对外贸企业及中小微外贸企业受新冠肺炎疫情的影响进行了研究，认为新冠肺炎疫情对企业的冲击很大，加剧了企业经营的难度。在电商的影响方面，张夏恒（2020）通过对新冠肺炎疫情初期消费者调研，探究新冠肺炎疫情对跨境电商产生的影响，并对新冠肺炎疫情暴发期、持续期跨境电商发展状况进行总结，预判了中长期疫情对我国外贸的负面影响。通过梳理发现，大多数研究关注新冠肺炎疫情对我国外贸的负面影响，较少关注新冠肺炎疫情防控期间外贸行业出现的积极变化和转机；现有文献主要聚焦在新冠肺炎疫情暴发初期、中期对我国跨境电商发展状况进行研究，侧重从新冠肺炎疫情冲击角度进行分析。在当前阶段，新冠肺炎疫情虽然得到一定程度的控制，但由于全球新冠肺炎疫情持续蔓延与冲击，跨境电商在新冠肺炎疫情持续反复的状态下呈现新的形势和特点，学术界对此关注较少。因此，在新冠肺炎疫情持续冲击下研究我国跨境电商的发展具有一定的现实意义和学术意义。

（一）跨境物流需求旺盛，海陆空运费齐飙升

随着我国复工复产节奏加快，国内生产秩序逐渐好转并恢复正常。在海外市场需求旺盛的背景下，跨境电商企业的生产力逐渐释放，跨境物流需求快速上涨，海运、空运和陆路运输等头程物流方式都意想不到地出现了爆仓、排仓、运费飞涨的现象。在海洋运输方面：由于全球货运需求旺盛、物流企业集装箱数量储备不足导致海洋运输仓位供不应求，加之新冠肺炎疫情反复对全球海洋运输业造成的严重冲击，全球航运价格居高不下、排队候仓难题凸显。在航空运输方面：航空运输需求量急剧上升导致仓位难求、价格上涨。据 SCFI 报告显示，截至 2021 年 1 月 5 日，

南美洲东海岸的航线运价在 5 个月内猛涨了 1535%，航线运价已突破 8000 美元[①]，且在 1 月后以测试剂、疫苗为主的防疫货物占据着全球大量航空运输空余货位，航空货位难以寻求，高运价、少货位成为跨境电商企业利用航空运输的痛点。在铁路运输方面：因海、空运价格暴涨且一仓难求，以中欧班列为首的铁路运输受到极大关注。据雨果跨境的报道[②]，国内到鹿特丹的铁路运输费用已经涨到 11000 美元，是新冠肺炎疫情前的 3 倍且仓位紧张。中欧班列等运输工具价格暴涨且无法满足日常物流需求的情况严重制约了我国跨境电商企业的日常运营与市场开拓。此外，对于跨境电商企业尤其是中小企业而言，尾程物流也是其重视的问题之一。随着海外市场需求持续增长，海外尾程旺季附加费成为跨境电商企业的痛点。虽然旺季附加费普遍能够做到在旺季期间提高包裹的准时交付率与妥投率，使物流时效得以保证，但其成本支出使企业利润大幅下降。

（二）贸易保护主义加强，不确定性风险增加

虽然全球新冠肺炎疫情仍在持续，但世界范围内的复工复产活动缓慢恢复，国际经济好转迹象显现。为保护受新冠肺炎疫情影响的本国企业，各国政府加大对本国企业贸易保护的力度，同时对其他国家实行贸易限制。一方面，各国政府加大对本国企业的补贴力度，如国家财政直接补贴、税后退费、地方扶持计划等；另一方面，非关税壁垒和边境管制成为新型单边贸易保护方

[①] 跨境@米 SHOW. 爱之切恨入骨骂不动打不疼的海外尾程旺季附加费管理？［EB/OL］.（2021-01-11）［2021-05-13］. https：//www.amishow.com/posts/14030/.

[②] 雨果跨境. 成本上涨不可逆加速行业洗牌！跨境卖家如何扼守利润？［EB/OL］.（2021-03-09）［2021-05-13］. https：//www.cifnews.com/article/91504.

式，美国、欧盟、印度、巴西、澳大利亚、阿根廷、土耳其等国家和地区持续对我国商品发起反倾销调查和征收反倾销税。随着我国国内秩序的快速好转、国内企业的发展步伐加快，海外市场对我国产品的需求进一步扩大，跨境商品贸易顺差已成必然，势必会引发国外政府对我国商品贸易制定更加严格的抵制和监管措施。中国跨境电商企业在国外的经营互动活动受到限制，国际间贸易保护主义和单边主义抬头。此外，全球不确定性风险增加，地缘政治、区域军事冲突时有发生。对于跨境电商行业而言，任何地方局势的不稳定都会增加相关地区跨境电商贸易的难度和风险、影响跨境电商相关环节的安全性，如跨境物流配送安全问题、海外人员和投资的基础设施保护问题等。此外，债务危机和通货膨胀也是容易影响跨境电商企业日常运营的不确定性风险。虽然全球经济局势比 2020 年初中期全面回升，但全球经济基本面仍相对脆弱，加之各国经济政策的不确定性，种种不确定性风险会对跨境电商的发展造成重大影响。

（三）企业各类成本上升，加快行业洗牌速度

在复工复产节奏加快的同时，企业各类成本不断上升，主要集中在原材料成本、经营成本等方面。在原材料成本方面：2021年第一季度与跨境电商供应链密切联系的几大原材料板块市场价格上升幅度较大，其中涉及家电、3C 行业的主要原材料铜、电工钢、铝、稀土等，服装行业的原材料棉花、棉纱、涤纶短纤等。据生意社价格监测，2021 年 2 月的橡胶、有色金属、纺织大宗商品价格月涨幅达 20% 左右[①]。受原材料"涨价潮"的影响，

---

① 雨果跨境. 成本上涨不可逆加速行业洗牌! 跨境卖家如何扼守利润?［EB/OL］.（2021-03-09）［2021-05-13］. https://www.cifnews.com/article/91504.

下游行业如鞋服、家电、家居、面板等均受到不同程度的影响，中小型原材料供应商的成本压力逐渐转移到跨境电商卖家及企业上。在经营成本方面：跨境电商行业各方面规章制度的有效实行促使行业逐步走向规范化，随着 VAT 合规化、强制产品责任险等制度的实施，跨境电商卖家及企业的成本会逐渐上升；随着跨境电商企业市场业务拓展的需要，测评推广、PPC 广告、人力薪酬等成本会逐渐增加。这些成本是企业及卖家渴望降低以提高利润空间的着力点，但随着跨境电商行业的发展，跨境电商市场辐射范围越来越大、单个企业经营面会逐渐向细分市场延伸拓展，广告推广及人力成本成为企业及卖家必须全力保证的运营支出。此外，行业洗牌从未停止且速度越来越快。跨境电商行业已不再依靠打信息差、低价取胜、吃免费流量红利等方式占据市场、获取资本，而是更加看重包括定价、营销、用户数据在内的资源掌控，行业发展模式的改变注定会加快行业洗牌速度。

（四）走私违法日益严峻，反走私压力逐渐增大

国家在大力支持跨境电商新业态发展的同时，通过跨境电商方式走私、意图享受优惠政策偷逃国家税款的事件在逐渐增多。据海关总署公布的信息显示，2020 年海关系统立案侦办跨境电商渠道走私犯罪案件 79 起，案值达 104.9 亿元，占全部涉税走私案件案值近 11.3%。其中 2020 年 10 月、12 月武汉海关、深圳海关分别查获走私化妆品等案件，案值约 16.8 亿元和 6 亿元；2021 年 4 月广州海关查获走私奶粉等案件，案值约 10 亿元[①]。东

---

① 国际贸易与金融法律研究. 新试点与新趋向：跨境电商零售进口新政策与反走私新形势深度解读 [EB/OL]. (2021-04-20) [2021-05-13]. https://mp.weixin.qq.com/s/471l2S45F4oC96wb4KoaZw.

部沿海跨境电商发展较快的地区，通过"刷单"伪报贸易方式走私货物的形势越加严峻，涉案金额巨大，严重影响我国税务征收和市场发展。走私违法形势严峻既有市场从业者的原因，也和跨境电商零售进口行业管理体系不完善有关。一方面，新冠肺炎疫情纾困政策出台后相关单位并未做好政策宣传与解读工作，导致跨境电商部分从业者对政策产生误解；另一方面，现行监管政策的滞后性导致部分从业者的营销模式出现合规风险。随着跨境零售进口试点在全国推广，主管部门将承担更大的反走私压力。第一，跨境零售进口试点在全国推广后，跨境电商走私会逐渐向内地监管薄弱的地区转移，"口岸漂移"会对内地海关反走私工作造成更大压力；第二，不同地区的政策支持、技术发展存在差异，对于跨境电商走私而言，监管漏洞更容易被走私者利用；第三，跨境零售进口试点在全国推广后，同一商品的入境渠道和中间环节增多、市场价格透明度降低，容易给部分从业者留下套利空间。

三、双循环新发展格局背景下跨境电商发展面临的机遇

（一）跨境电商独立站模式飞速发展

在跨境电商发展的初期，跨境 B2C 市场的平台型电商基于规模效益凸显、引流效果显著、进入门槛偏低等因素顺势崛起，eBay、亚马逊、速卖通、Wish 等第三方电商平台逐步成为主流。但是随着跨境 B2C 行业的发展，第三方平台卖家众多、竞争激

烈、平台和商家难以共享数据、罚款或封号增多等矛盾愈加突出，跨境电商独立站模式逐渐成长。受新冠肺炎疫情持续冲击的影响，跨境电商进入了立体化渠道布局阶段，越来越多的跨境电商企业把运行独立站作为打造核心竞争力的措施之一。前瞻产业研究院的资料显示，25%的企业已经开设独立站，另有25%的企业表示正在筹划建立独立站[①]。对比于第三方平台的诸多难点，跨境电商独立站具有突出品牌和提高客户认知、自行积累和运用客户数据、降低运营成本等优势，其自主性、可塑造性优势凸显。跨境电商独立站大致可以分为普货铺货模式、行业垂直站、区域市场平台、货到付款（Cash On Delivery，COD）单页模式、爆款独立站群模式以及DTC品牌独立站6种，但在新冠肺炎疫情持续冲击下，DTC品牌独立站是跨境电商行业的主要关注点。DTC品牌独立站的核心竞争力在于产品研发和品牌营销，能够构建起足够高的竞争壁垒、抢占新的流量红利和媒介话语权、做到低成本曝光。例如，DTC品牌电商SHEIN利用海外独立站和矩阵化官方媒体吸引"粉丝"做私域流量、通过大量的海外"网红"营销做口碑带货等，让其在海外市场的口碑越做越强。当下是独立站电商全球化布局的时期，"商品出海"向"品牌出海"转型趋势明显；建设运营独立站已经成为我国跨境电商企业开拓海外市场、走品牌化发展道路的重要途径之一。

（二）跨境电商向新兴市场延伸扩展

北美和欧洲地区虽然仍是跨境电商卖家的重要市场，但其业

---

① 前瞻产业研究院.2020年中国跨境电商行业市场现状与发展前景预测。独立站兴起、发展前景巨大［EB/OL］.（2020-12-03）［2021-05-13］.https：//www.qianzhan.com/analyst/detail/220/201203-11d3bbdd.html.

务重心正在逐渐向新兴市场延伸布局。争取新兴市场份额、抢占市场先机是跨境电商的重要任务。东南亚市场是跨境电商从业者重点布局的新兴市场之一。2020 年 11 月 15 日，《区域全面经济伙伴关系协定》（*Regional Comprehensive Economic Partnership*, RCEP）的签署意味着全球最大的自由贸易区正式成立，包括中国和东盟在内的统一大市场形成。从市场方面来看，东南亚跨境电商市场规模快速扩大、用户基数较大、市场发展前景广阔。据《2020 年东南亚数字经济报告》显示，2020 年东南亚电商规模达 620 亿美元，增长 63%；东南亚地区互联网新增用户达 4000 万，已有 70% 的东南亚人口转移至线上。预计 2025 年，东南亚电商规模将再度上调 12%，达 1720 亿美元[①]。从政策方面来看，RCEP 协议的签署使得以降低关税为主要代表的政策红利被充分释放。以货物贸易为例，其最终零关税产品数整体将超过 90%，各成员国之间的降税模式以协议生效立即降为零关税、10 年内降为零关税为主[②]。除区域层面的政策外，我国地方政府也在利用政策积极推动跨境电商发展。例如，2021 年 3 月 29 日中国（广州）跨境电子商务综合试验区工作领导小组发布了《广州市把握 RCEP 机遇促进跨境电子商务创新发展的若干措施》，从优化口岸营商环境、培育创新主体、加强自主创新能力、拓展国际营销网络和强化专业人才培训 5 个方面积极引导我国跨境电商企业开拓东南亚市场。东南亚新兴市场所释放的巨大红利使得各类跨境电商聚焦此地域，Lazada Group SpA、亚马逊、Shopee 等头部公

---

① 跨境@米 SHOW. 今日跨境指数：1720 亿东南亚市场，6846 亿美元双边贸易！中国出口追涨东南亚的好时机［EB/OL］.（2021-04-07）［2021-05-13］. https://www.amishow.com/video/15311/.

② 雨果跨境.《区域全面经济伙伴关系协定》（RCEP）政策解读［EB/OL］.（2020-02-01）［2021-05-13］. https://www.cifnews.com/article/89280.

司及很多中小型跨境电商企业正积极抢占东南亚新兴市场份额。

（三）微型跨国公司快速崛起

2020 年，新冠肺炎疫情驱动线上消费习惯加速形成，在此趋势带动下全球大部分消费者都养成了使用电商消费的习惯。急速扩大的线上消费群体使得微型跨国公司具有庞大的消费用户，为微型跨国公司的发展奠定了市场消费基础；数字技术在各领域的广泛应用使得全球贸易门槛不断降低，大批从业者得以进入跨境贸易领域，在各个海外国家市场经营业务，微型跨国企业数量大幅增长。相比于新冠肺炎疫情前的整体化、规模化贸易特点，全球贸易形势已发生新的变化，其碎片化、品牌化、细分化特性正在凸显。在此背景下，微型跨国公司积极利用跨境电商平台和工具完成日常经营的一系列活动，为全球客户提供多样化的中国产品和轻定制化服务。微型跨国公司是典型的小微企业，在市场发展定位和企业经营方面没有精准策略，随着以物流和支付为代表的跨境电商服务链路的日益优化，微型跨国公司依靠跨境支付平台及工具也能够完成选品、采购、销售、物流、报关、收款、结汇退税等跨境电商企业运营流程。微型跨国公司借助平台和工具能够提高资金周转效率、低成本进入全球市场、实现精细化运营和多店铺管理，对于初创型企业而言，灵活的经营优势可以使其获得丰厚的利润回报。随着数字技术的发展和交易成本的降低，越来越多的小微企业会加入到微型跨国公司的行列中并逐渐成为全球贸易的主力军。

（四）跨境电商全球供应链深度融合

2020 年至今，在新冠肺炎疫情持续蔓延的影响下，全球范围内的采购更加倚重线上，线上贸易的快速发展推动着跨境电商全球供应链深度融合。在新冠肺炎疫情暴发阶段，全球生产制造系统被切割破坏，导致跨境电商供应链上下链条间因配置分散而陷入瘫痪状态，跨境电商行业无法正常运转。为应对新冠肺炎疫情持续冲击的影响，跨境电商行业已经适应并积极参与到全球供应链的深度融合进程中。首先，跨境电商行业通过实行供应链数字化变革，把服务、物流等供应链体系从线下转移至线上，实现数字化、虚拟化，跨境电商全球供应链转变为线上协作模式，加强了跨境电商供应链的协同性、抗风险能力。其次，跨境电商行业坚持以客户为导向进行全渠道管理，线上线下融合发展、相互转换，增强全球供应链的市场应对能力。随着中国经济不断恢复，"宅经济"等新形式崭露头角，一系列新的渠道进入跨境电商企业的视野，把全球供应链深入到这些新渠道中，进行线上线下的相互转换，提高了跨境电商服务供应链的发展水平。最后，跨境电商全球供应链相关企业更加重视塑造海外品牌影响力，统筹物流、信息流、业务流及资金流，在重新梳理企业供应链体系的基础上为客户构造全方位、全渠道的数字化创新机制，积极塑造着供应链海外品牌影响力。

（五）跨境电商基础设施加快建设

随着新冠肺炎疫情得到有效遏制，国内企业复工复产节奏日益加快，各国在新冠肺炎疫情压力减小的情况下更加重视跨境电商基础设施建设，以求在跨境电商领域奠定领先地位。在海外仓方面，市场客户对跨境物流服务水平要求的提高使得海外仓业务成为热点需求。据商务部的信息显示，中国已有海外仓数量超过1800个，2020年增速达80%，面积超过了1200万平方米①，海

---

① 网经社.商务部：跨境电商海外仓数量超1800个面积超1200万平方米［EB/OL］.（2021-01-20）［2021-05-13］.http：//www.100ec.cn/detail--6584064.html.

外仓成为支撑我国跨境电商发展、拓展国际市场的新型外贸基础设施。在5G数字技术建设方面，新加坡贸易与工业部部长称，两个全国性的5G网络计划将在2025年建成并运行，到2023年5G网络覆盖率将达到50%①，这将大大提高跨境电商企业处理大型电商订单的能力。在配送分拣基础设施方面，亚马逊正在北美建立100个新的配送仓库、分拣中心和配送设施，以求减少美国尾端物流出现的配送压力对货物运输的困扰；且亚马逊印度公司宣布，亚马逊能提供超过450万立方英尺的存储容量为其在泰兰加纳的23000多个卖家服务②。此举将有助于我国跨境电商企业利用现有基础设施实现高效率的跨国配送，特别是在跨境消费旺季，有助于缓解"最后一公里"配送压力。各国都在紧密关注跨境电商行业的发展，而其行业发展的首要因素在于保证跨境电商基础配套设施的逐步完善和充分利用。在此情况下，为拉动本国经济发展和占据行业先发优势，各国加快了跨境电商基础设施的建设步伐。

四、跨境电商促进双循环新发展格局的现实基础

经过改革开放40多年的发展，我国具备了挖掘国内市场支持经济可持续发展的物质基础、人力资源、工业体系与技术支撑，

---

① 亿恩网. 2020年11月成交额占全年14.3%，新加坡电商潮持续火爆！［EB/OL］.（2021-02-12）［2021-05-13］. https：//www. ennews. com/article-19063-1. html.

② 亿恩网. 亚马逊印度扩展了在泰兰加纳的配送网络［EB/OL］.（2020-10-12）［2021-05-13］. https：//www. ennews. com/article-16127-1. html.

加之不断扩大的中等收入群体规模与国内生产交换分配与消费能力，为实现国内大循环奠定了基础（姚树洁和房景，2020）；在对外开发、包容联动与共建共治共享理念指引下，我国在对接国际规则、嵌入全球价值链、主动融入国际循环方面积累了大量的经验，为国内国际双循环的联动创建了很好的条件（姜英华，2021）。依据马克思主义政治经济学的观点，国民经济循环依托生产过程中的生产、分配、流通与消费环节（王建，1988；陆江源和杨荣，2021）；国际循环的战略路径认为要充分利用劳动力资源优势，通过出口劳动密集型产品，换取外汇收入以支撑国内基础工业与基础设施的建设，推进资金密集型产业发展。在全球经济一体化趋势下，全球价值链发生了垂直化分工的深刻变革，国际循环的产业链条不断拉长，参与国际循环的载体更加丰富，这使国内国际双循环发生了新的变化（王直等，2015）。2021 年 3 月，国务院印发的《关于落实〈政府工作报告〉重点工作分工的意见》明确提出，"发展跨境电商等新业态新模式"。以跨境电商为引擎，推动传统产业与传统外贸转型升级，通过跨境电商与制造业深度融合，推动构建以国内大循环为主体、国内国际双循环相互促进的新发展格局，是我国经济高质量发展与可持续发展的必然选择。跨境电商促进国内国际双循环的理论机制如图 2-2 所示。

（一）跨境电商促进国内大循环的现实基础

国内大循环立足于国内庞大的消费需求市场，依托我国人口消费红利，借助跨境电商进口释放国内消费需求、推动国内消费升级。跨境电商是一种新模式、新业态，借助数字技术与互联网技术加快了自身的创新发展。跨境电商聚焦国内市场，依托国内完整的分工体系，通过推动国内消费转型进而实现扩大内需的效

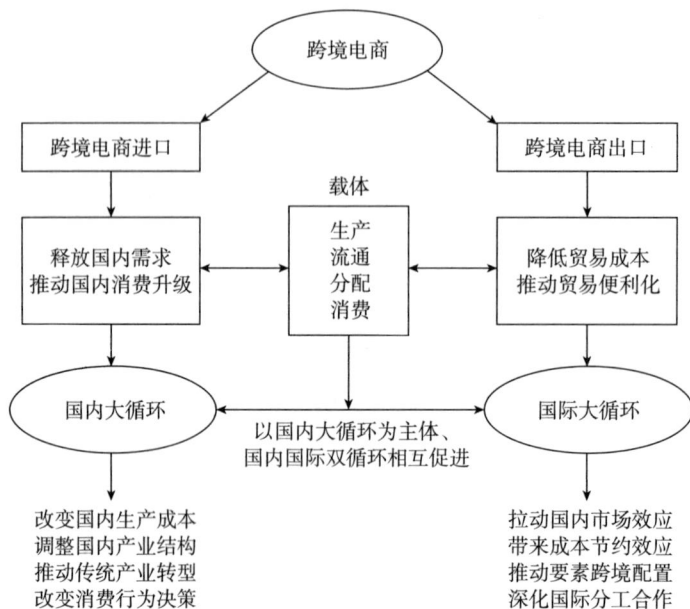

图 2-2 跨境电商促进国内国际双循环的理论机制

应，构建生产、流通、分配、消费等多环节的协同效应，实现了全面通畅的国内循环体系。无论是 2020 年 1 月 17 日的商务部等 6 部门出台政策，将跨境电商零售进口试点城市进一步扩大到国内 50 个城市及地区和海南全岛，还是 2021 年 3 月 18 日的商务部等 6 部门发布《关于扩大跨境电商零售进口试点、严格落实监管要求的通知》，将跨境电商零售进口试点扩大至所有自贸试验区、跨境电商综试区、综合保税区、进口贸易促进创新示范区、保税物流中心（B 型）所在城市（及区域），以及"1210"、"9610"海关监管方式的创新。这些措施都旨在借助跨境电商推进国内大循环。

1. 跨境电商改变了国内生产成本

跨境电商作为互联网时代的创新商业模式，其显著特点之一是打破了信息不对称，能够有效地对接生产要素需求，从而大幅度降低了制造商的生产成本。跨境电商实现了更广阔、更便利的供需关系匹配，通过减少传统采购活动的中间环节，降低了供应商与生产制造商间的交易成本，还通过减少商品流通的渠道层级，直接减少商品交换环节中的交易成本，间接地改变了生产成本。跨境电商具有低边际成本效应（赵春明等，2021），集中反映在跨境电商平台的集聚效应、助平台数据的低边际成本特点、集聚更多的上下游企业、平台的生产成本呈指数降低态势。跨境电商平台还具有范围经济效应（杨汝岱，2018）。除商品销售的关联利润外，能够带来更多的伴生利润，伴生利润在跨境电商活动中更多表现为分摊固定成本与降低可变成本。以跨境电商平台为例，通过平台集聚供应商及消费者数量的增加，可以提供支付业务、物流业务及其他金融业务等。通过产品的多样化分摊了跨境电商平台固定资产的折旧及营销成本。

2. 跨境电商优化了国内产业结构

跨境电商通过商业模式创新优化了国内产业结构，促进了国内产业结构调整；通过数字产业化衍生出更多的新型产业模式，通过产业数字化推动了诸多传统产业的转型升级。跨境电商不断创新发展，衍生出 M2C、O2O、B2B2C 等多种新的交易方式；通过与外贸融合发展，不仅改变了传统外贸交易方式，而且缩短了传统外贸交易流程，增强了跨境电商产业链、交易链参与主体的协同能力，实现了跨链融合与产业间的供需结构动态均衡。单就跨境电商产业链而言，随着跨境电商的飞速发展与不断完善，交易载体、物流、支付、供应链等环节不断创新，衍生了平台引流、数据处理、网络模特等新的产业。跨境电商依托数字技术的飞速发展，打破了产业边界，推动了产业融合，重构了产业生态系统与制造模式，促进了产业创新模式向高效共享与协同转变。跨境电商实现了对既有经济模式的颠覆重塑，已成为产业结构优化升级，催生新模式、新业态的重要驱动力。

3. 跨境电商推动了传统产业转型升级

跨境电商属于服务业范畴，推动跨境电商与传统产业融合，推动两业协同发展是我国促进传统产业转型、提升传统产业竞争力的重要途径。发展跨境电商，契合党的十九大、十九届五中全会及"十四五"规划的顶层设计。产业既是跨境电商发展的有效载体，也是国内大循环贯通国内供给侧的起点，产业升级能够有效缓解结构性短缺与提升供给质量。通过推动传统产业与跨境电商融合发展，能够重构产业链、驱动产业创新，进而推动传统产业的转型升级。越来越多的传统产业企业纷纷涉足跨境电商市场，依托跨境电商平台加速产供销信息衔接，快速收集、整理与分析消费端数据，驱动原有的大批量订单式生产向小批量、多频次的柔性制造变化。跨境电商带动了传统服务业的转型发展，如在线支付、海外仓、智慧物流、新媒体营销等。传统外贸企业纷纷借助跨境电商模式加快自身转型升级。此外，我国近年来不断出台多项推动跨境电商及关联产业的利好政策，也刺激了越来越多的外贸企业将跨境电商作为外贸转型、开拓全球市场的重要渠道（张夏恒，2020）。

4. 跨境电商改变了消费行为决策

消费是国内大循环的核心落脚点，内需释放与消费升级是推进双循环新发展格局的重要力量。跨境电商对优化国内消费结构、提升国内消费层次、推动国内消费升级非常重要（张梦霞等，2020）。数字技术驱动了国内消费群体面临的外部环境发生巨大变化，深刻地影响着人们的消费行为、习惯与决策。线上消费习惯不断稳定，线上线下融合的消费范式逐渐形成。多元化与个性化的消费需求得到了释放，尤其"90 后"、"00 后"逐渐成为国内的消费主力群体，这些群体伴随着互联网社会成长，对跨境电商消费方式的接受度更高。在全球范围内持续蔓延的新冠肺炎疫情影响着国内消费主体的消费行为决策，使得跨境网购消费黏性不断提升，为跨境电商发展拓宽了消费群体与市场规模。据 2020 年各地数据显示，出口转内销的潜力正在释放，如 2020 年第三季度，广州海关关区加工贸易内销货值比第一季度增长 30.74%。我国各大跨境电商平台纷纷设立外销产品专区专场，如苏宁拼购上线"助力出口企业转型"专区，淘宝特价版上线外贸频道，为跨境电商平台 30 万家外贸工厂开辟专属销售频道等。越来越多的优质出口产品正在丰富国内市场供给，进一步激发国内市场活力和有效需求。

（二）跨境电商促进国际大循环的现实基础

双循环新发展格局虽以国内大循环为主，但并非以国内大循环取代国际循环。扩大内需不是用内需完全取代外需（高凌云，2018），而是立足国内大循环，探索国内大循环与国际循环的联动协同效应，进而实现国内国际双循环。跨境电商既能有效拉动国内需求，促进国内需求与产业的良性互动，还能够推动国内企业进入海外市场，培育世界领先的产业集群，促进我国产业向全球价值链中高端拉升，增加中小企业参与全球市场的机会，促进国内经济深度融合到国际经济循环中。

1. 跨境电商带动了国内市场效应

跨境电商国内市场规模的扩大助推规模经济的形成，从而衍生出大量的本土企业。据企查查数据显示，2020 年官方备案注册成立的涉及跨境电商业务的企业数量为5870家，增长幅度达63.87%。依托我国庞大的市场及良好的发展潜力，吸引位于价值链高端的诸多外部企业入驻国内市场，近年来，Shoppe、Jumia、Wish等知名跨境电商平台企业纷纷进入国内市场。跨境电商有效衔接了国内市场与国际市场，通过跨境电商进口打通了国际市场进入国内市场的通道，通过跨境电商出口贯通了国内市场走入国际市场的通路，实现了国内大循环与国际循环的协同效应。2021年3月18日，商务部等6部委联合印发《关于扩大跨境电商零售进口试点、严格落实监管要求的通知》，进一步扩大了跨境电商零售进口试点城市范围，旨在发展跨境电商零售进口业务以拉动国内市场。跨境电商出口的增长直接带动了国内市场效应，通过出口业务的增长增加了国内传统产业与企业的业务量，加快培育了世界级领先的产业集群。国内市场效应是依托跨境电商助推形成国内国际双循环的重要途径。

2. 跨境电商带来了成本节约效应

贸易成本是影响国际经济循环的关键因素。贸易成本不仅可以细分为固定成本与可变成本，还可以分为交易前期成本、交易中期成本与交易后期成本。跨境电商促进了贸易便利化，并通过贸易便利化间接降低贸易成本，包括固定成本和可变成本（鞠雪楠等，2020）。跨境电商与传统产业融合在改变企业成本结构的同时，大幅度降低其贸易成本，刺激更多的企业积极通过跨境电商方式参与出口贸易活动。大力发展跨境电商，既能够降低交易前期的贸易成本，还能够降低交易中期与交易后期的贸易成本（马述忠等，2019）。从贸易成本产生的三个阶段看跨境电商对国际经济循环的成本节约效应：在交易前期阶段，跨境电商加速全球的信息流动与供需匹配效率，改善交易前的信息不对称问题，能够有效降低宣传成本、调研成本、搜寻成本与匹配成本；在交易中期阶段，跨境电商实现了沟通的即时性，降低了企业间的沟通成本、协调成本与合同签订成本；在交易后期阶段，跨境电商及其配套的支付系统、物流协同及综合服务系统，有效降低了交付成本、订单管理成本、客户沟通成本、物流运输及配送成本。

3. 跨境电商推动了要素跨境配置

跨境电商加速了要素在国内与国际范围内配置的市场化，驱动了要素的市场配置效率，拓宽了要素的市场配置范畴，降低了要素市场的信息不对称困境。跨境电商通过数字技术及其数字平台的搭建，驱动了数据要素向传统要素的渗透与融合，进而能有效提升要素质量。跨境电商平台尤其是独立站的兴起，使得企业能够成为独立的市场主体来配置生产要素，通过减少商品流通环节减少了消费端与生产端的衔接时间，提高了效率，特别是通过借助大数据、云计算、区块链等数字技术实现了消费端定制化，提升了企业对生产要素参与的积极性与话语权。数据跨境的加速流动，从全球范围内推动着技术、资本、劳动力与土地等传统生产要素的系统性变革与优化重组，刺激了传统产业向数据化、智能化方向转型。通过要素优化组合，企业实现了要素在不同部门间、不同主体间、不同地区间、不同国家间的分配与组合，推动要素由低效领域转向高效领域，改善传统要素市场的资源错配难题。

4. 跨境电商深化了国际分工合作

在国际分工合作中，企业是最活跃的要素。跨境电商依托其高效的网络衔接效应，不仅推动了跨国企业、行业龙头企业及大型企业布局全球市场、深度参与国际分工，而且降低了中小微企业在全球价值链的嵌入难度，既能促进中小微企业融入国内产业分工体系，也能促进国内产业分工链条在全球产业链的嵌入。我国企业多采用"双重嵌入"模式参与到全球价值链，即先嵌入国内产业集群，再整体嵌入全球价值链（刘志彪和吴福象，2018）。依托跨境电商产业集群、产业园区的建设，实现了以龙头企业为牵引与集聚核心，推动着供应商上下游及同行众多的中小企业实现地区集聚。这些产业集群依托跨境电商渠道，打破了传统产业集群的时空屏障，拓宽了中小微企业融入产业集群的通路，促进了国内产业分工链条的展开，进而形成了更加完善的国内生产网络与供应链网络。跨境电商推动了产业集群整体连接到全球价值链生产环节，并提升了参与国际大循环的便利性，有利于构建我国主导的区域价值链及助推我国企业向全球价值链高端攀升。

第三章
跨境电商助力构建双循环新发展格局作用机制

　　双循环新发展格局是由我国国内社会矛盾的变化和国际不确定因素等共同决定的，科学把握双循环新发展格局的概念和内涵才能更好地贯彻执行新的战略部署。双循环新发展格局的内在结构可理解为以新发展理念和国家总体安全观为指导，以国内大循环为主体、国内国际双循环相互促进为基本形态，以改革、开放、创新为基本动力，以超大规模市场潜力和内需体系为基础支撑，以高水平经济循环、高质量发展和开放型世界经济为基本目标的发展格局（朱泓鸣，2020）。对于双循环内在逻辑关系的把握应该重点从供给与需求、改革和发展的关系来阐释新发展格局的科学内涵（董志勇和李成明，2020），一方面以供给侧结构为重点、需求侧管理同步推进畅通国内大循环，另一方面以规则制度型开放为重点，推动构建更高水平开放格局（徐奇渊，2020）。双循环关系的构建重点是从生产、流通、分配、消费四个环节畅通国内大循环，通过推动跨境电商、数字贸易、服务贸易等外贸新业态发展构建高水平对外开放格局，重塑我国国际合作和竞争的新优势（李春项和田奥，2020）。

　　跨境电商作为一种新型的贸易方式，通过以数据为基础的贸易和技术手段实现数据智能的迭代和升级，在当前国际经济环境下逐渐发展为一种常态化的国际贸易方式（马述忠和潘钢健，2020）。与一般贸易相比，跨境电商通过互联网平台能够有效改善信息不对称，从而降低交易成本，减少贸易摩擦，缩短贸易流程，提升流通效率（Gomez-Herrera et al.，2014），在国内国际双循环体系中具有重要作用。本章在梳理分析双循环发展格局形成与跨境电商发展关系演进的基础上，从供给与需求、进口与出口两个角度分析跨境电商在推进国内国际双循环过程中的内生动力与作用机理，为国家实施双循环发展战略、推进高水平对外开放提供理论支持。

一、跨境电商与双循环发展关系演进

我国跨境电商行业起步于 20 世纪末 21 世纪初（李金昌和余卫，2020），正值我国外向型经济初步形成和迅速发展时期，跨境电商为外贸企业提供信息展示、在线交易等服务，推动外贸增长，助力国际外循环。2012 年后逐步出现跨境进口电商，跨境电商对经济循环的促进作用不仅体现在进一步拉动外贸增长的国际外循环，而且体现在进口释放国内消费潜力的国内大循环。2017 年后伴随着国家经济发展格局调整和跨境电商行业发展壮大，跨境电商对经济循环的促进作用集中体现在跨境进出口全产业链升级对贸易的改善，出口带动外贸增长、降低贸易成本、深化国际分工与合作，进口带动全球商品要素资源流动、促进消费升级、培育完整的内外需求体系，二者共同推动构建国内国际双循环发展格局。

（一）20世纪末至2011年：外向型经济发展格局形成时期，跨境出口电商推动外贸增长，助力国际外循环

伴随着改革开放市场化进程的逐步加速，2001年我国加入世界贸易组织，外向型经济发展格局逐步形成。2000年我国外贸出口额占世界出口额的比重约为3.9%，2011年我国外贸出口额占世界出口额的比重上升至10.4%（张夏恒，2020），2009年我国外贸出口额攀升至世界第一，而后长期保持第一的位次。在外向型经济发展格局的形成和发展背景下，我国出口跨境电商应运而生，2000年初以阿里巴巴国际站、环球资源网、中国制造网等为代表的平台为外贸出口企业提供365天网上外贸展会功能，展示供应商或采购商的商品或服务信息，促成线下交易。2004年敦煌网成立，标志着跨境出口电商从单一信息展示平台升级为在线交易平台，能够线上完成搜索、咨询、下单、支付、物流、评价等网上交易全过程，之后DX、兰亭集势、大龙网、阿里速卖通等平台相继上线，从B2B小额批发业务逐渐衍生出B2C零售业务，贸易链条进一步缩短，成为跨境出口电商的主流模式。

此阶段正是我国互联网应用逐步加深、贸易出口飞速增长的时期，跨境电商与双循环的关系主要体现在促进外贸出口增长、推动国际外循环方面。互联网的发展和应用降低了国际贸易成本，增加了出口概率，促进了出口扩展边际和集约边际的提升。跨境电商通过互联网平台能够降低信息搜寻成本（施炳展，2016）、新市场开拓成本（Lendle et al.，2016）、沟通障碍与合同成本（李兵和李柔，2017）等由地理距离限制因素带来的多种

成本，有效提升了国际贸易效率和规模。对于外贸出口企业来说，可以通过互联网平台发布商品信息，从而吸引消费者（马述忠等，2019）。对于消费者来说，跨境电商大大降低了进入新市场所需的建立商店及铺设渠道等固定成本，降低了贸易壁垒，增加了规模较小市场的商品多样性，减弱了不同规模市场的不平等效应，使得国外规模较小市场的消费者也能获得品类比较与择优，提升消费者福利（Freund & Weinhold，2002），扩大外需市场范围，有效推动国际外循环。

（二）2012~2016年：外向型经济发展格局调整时期，跨境进口电商推动国内消费升级，助力国内大循环

伴随着我国经济飞速增长和人均可支配收入提高，经济发展过度依赖外部循环，依靠出口拉动的弊端逐步显现。我国最早在"十一五"规划中就提出把"扩大内需作为经济发展的基本立足点"，"十二五"规划进一步强调"构建扩大内需长效机制"，逐步调整外向型经济发展格局转向以内循环为主的模式。跨境进口电商依托互联网平台购买境外的产品，海淘、代购等新型消费方式逐步在国内兴起（Fan et al.，2018）。2012年国家从试点城市入手开始对跨境进口电商的探索。2013年10月，在杭州、宁波、上海、重庆、郑州首批5个服务试点城市展开跨境电商新政试点。2014年海关"12号"、"56号"、"57号"、"59号"文的相继出台正式承认了跨境电商的合法地位，逐步形成保税进口、直邮进口等跨境进口电商模式。在政策红利下天猫国际、网易考拉、京东全球购等平台相继出现，2015年进口零售电商交易规模首次突破千亿元，达到1184.3亿元，比2014年增长了111.9%（沈菲和胡施颖，2019）。2016年跨境进口电商实施新税制，标

志着我国跨境进口电商进入规范化发展阶段。

我国外向型经济发展格局调整时期，正是跨境进口电商行业集中爆发阶段，跨境零售进口规模逐年增加，商品品类不断扩大，监管方式逐步完善，成为我国进口贸易的重要补充（管荣伟，2018）。随着我国经济发展，人们对商品的消费需求逐步升级，消费层次逐步递进，消费者的主体意识逐渐增强，新型消费业态不断涌现。《2016—2017年中国跨境电商市场研究报告》数据显示，"85后"、"90后"成为跨境进口电商主流消费人群，他们在产品品质多样性、个性化以及服务体验等方面的要求越来越高。跨境进口电商作为一种新型的贸易方式能够打破传统进口贸易限制，促成海外商家直接与中国消费者沟通，满足消费者个性化需求，推动传统贸易升级（刘斌等，2019）。同时作为一种新型的消费方式能够满足消费者追求物美价廉的产品、追求个性和名牌、追求趋同的从众心理，以及降低时间成本和交易成本等心理需求（张军和张哲，2012）。跨境进口电商满足了国内消费群体对国外高端商品的个性化需求，同时引进国外新的消费业态和消费理念，进一步促进释放国内消费潜力，推动国内消费升级，进而带动国内经济大循环。

（三）2017年至今：双循环新发展格局形成时期，跨境电商全产业链升级助推国内国际双循环

在扩大内需、刺激投资等政策引导下，造成产能过剩、债务高企等问题，我国适时提出"补短板"、"降成本"等供给侧结构性改革方案，2018年底的中央经济工作会议提出"畅通国民经济循环"，并"促进形成强大国内市场"。在面临中美贸易摩擦不断升级、全球经济下滑、新冠肺炎疫情反复等严峻的外部形

势下,我国在"十三五"收官之年提出加快形成以国内大循环为主体、国内国际双循环相互促进的新发展格局,这既是我国面临复杂外部环境变化提出的应对之策,也是实现国内供给侧结构性改革,增强经济内生动力的必然选择。2017年国务院会议决定将跨境零售进口监管过渡期进一步延长,同时重点推进跨境电子商务综合试验区建设,对B2B出口业务相关环节的技术标准、业务流程、监管模式和信息化建设等方面先行先试,围绕跨境电商全产业链建设线上综合服务和线下产业园区"两平台",以及信息共享、金融服务、智能物流、风险防控等监管和服务"六体系"。从2015年批复杭州为全国首个跨境电商综合试验区至2020年,国务院已经分批次设立总共105个跨境电子商务综合试验区,充分证明跨境电商在经过爆发式的增长阶段后,逐渐形成了全产业链、全业态的发展模式。

跨境电商产业链包括产品生产商或供应商、跨境电商平台、产业链服务商、用户等参与跨境电商交易全过程。在我国各项利好政策的引导下,跨境电商呈现全产业链集聚化、规模化发展态势。跨境电商平台是整个产业链的核心环节,连接上游产品生产商和供应商、下游消费终端,还将物流、支付、通关、金融、培训、园区等服务商主体聚合在平台上,实现功能集聚化(张夏恒和陈怡欣,2020)。跨境出口电商从单一信息展示到在线交易,再到提供综合外贸服务转变,从功能单一到全产业链资源整合,跨境出口电商已经从外贸增长的新方式、新引擎逐渐发展成为常态化的外贸方式,对于重塑全球产业链、提高我国企业在全球价值链的地位具有重要作用。跨境进口电商在国内消费升级、政策红利的推动下,从个人代购、海淘到各类模式的跨境进口平台,从单一商品交易到全交易流程服务,跨境进口电商已经从野蛮生长的快速扩张进入规范化、常态化发展阶段，对于扩大内需体系、实现消费升级与产业升级双向促进具有重要作用。跨境电商通过全产业链升级带动全球商品、要素资源流动，深化国际分工与合作，培育完整的内外需体系，帮助形成国内国际双循环新发展格局。

二、跨境电商促进双循环发展逻辑阐释

（一）国内循环层面分析跨境电商的促进机制

国内大循环并非简单的出口转外销，例如 2008 年国际金融危机后我国外贸企业出口困难纷纷转为国内销售，实则以国内市场为焦点，通过推动消费转型升级实现扩大内需的效果，依托国内完整的分工体系构建生产、流通、分配、消费、投资等多环节协同及跨环节全面顺畅的循环体系。跨境电商以新模式、新业态的创新形式快速成长与发展，依托信息技术、互联网技术及数字技术加持创新发展，推动了跨境电商与传统经济、传统产业及传统外贸的深度融合，逐渐在国内大循环的诸多环节发挥着重要作用。跨境电商不仅解决了传统商品交易环节的供需信息不对称问题，而且提升了要素资源配置效率，推动国内产业链的优化升级，进一步加快构建国内国际双循环的新发展格局。

1. 跨境电商的发展改变了消费主体行为与决策方式

在信息技术、互联网技术及数字技术应用驱动下，消费主体

的外部环境发生了较大变化，会影响我国居民的消费行为、习惯与决策。国内网络购物观念、行为与习惯已深入人心，随着跨境电商的飞速发展，跨境网购快速普及，打破了传统消费市场中的时空限制，消费主体逐渐由线下消费转向线上消费。线上消费消费主体具有个性化、个体化及多元化特征，加之新冠肺炎疫情持续冲击增加了消费主体跨境网购的消费黏性，拓宽了跨境电商的消费群体规模。据2020年各地数据显示，出口转内销的潜力正在释放，如广州海关关区2020年第三季度的加工贸易内销货值较第一季度增长了30.74%。我国各大跨境电商平台纷纷增设外销产品专区或专场，加速了出口产品转内销的发展，盘活了国内市场需求。

2. 跨境电商的发展促进了要素配置市场化变革

依托互联网、大数据、物联网等构建的商品及信息交流平台，跨境电商加速了国内要素配置的市场化。同时，提升了要素市场的配置效率、扩大了要素市场的配置范畴、缓解了要素市场的信息不对称难题。依托数字技术，跨境电商实现了数字平台的搭建，衍生了数据要素，并推动其向传统要素的渗透与融合，使要素质量得到提升。新冠肺炎疫情的持续刺激了跨境电商独立站的发展。企业借助独立站载体，减少了商品的流通环节，使得商业活动的生产端与消费端有效匹配，交易效率得到大幅提升。数据要素作为一种新型的生产要素，优化重组了技术、资本、劳动力、土地等传统生产要素。企业借助跨境电商新模式、新业态实现了要素配置的优化，提高了消费市场需求的匹配效率，实现了要素跨部门、跨组织、跨地区的分配与组合，有效解决了传统要素市场资源错配的问题，促进了国内要素市场的良性发展，进而推动国内要素统一市场的加速构建。

3. 跨境电商的发展影响了国内产业结构调整

无论是党的十九大，还是党的十九届五中全会，都指出要推动传统制造行业与现代服务业融合发展，加速数字经济与实体经济的融合。跨境电商属于数字经济范畴，其与实体经济具有融合发展的先天优势（赵春明等，2021）；通过加快跨境电商发展能够促进国内产业结构调整，尤其推动传统产业、传统制造业转型升级。据中国信通院发布的《中国数字经济发展白皮书（2020年）》，2019年，我国数字产业化增加值达7.1万亿元，同比增长11.1%；从结构上看，软件业和互联网行业占比持续提升，同年，我国产业数字化增加值约为28.8万亿元，占GDP比重为29.0%。其中，服务业、工业、农业数字经济渗透率分别为37.8%、19.5%和8.2%；数字经济增加值2019年达到35.8万亿元，占GDP比重达36.2%。借助数字技术，跨境电商能够弱化产业边界，实现跨产业融合发展，并重构了产业生态，驱动了产业向高效协同的创新模式演化。

4. 跨境电商的发展改变了国内生产的成本结构

跨境电商具有低边际成本的特性（杨汝岱，2018），尤其跨境电商平台所产生的数据要素可重复使用，随着市场规模的扩张及平台聚集产业链上下游企业数量的增多，其边际成本大幅降低。跨境电商还具有典型的范围经济效应，带来除自身产品外的伴生利润（张夏恒，2020）。跨境电商在满足消费需求多样化、个性化的同时，企业会关注产品与服务的多样化，使得平均成本逐渐下降，进而实现了范围经济。通过分摊固定成本及减少可变成本，可以增加伴生利润。例如，跨境电商平台能够集聚大量的产业链上下游参与主体，由此会衍生出支付、物流、金融等诸多业务。多种业务的衍生会产生更多的交易额，进而实现了跨境电商平台各类成本的分摊。

5. 跨境电商的发展带来了传统产业的转型升级

党的十九大与十九届五中全会都明确提出支持传统产业优化升级。推动跨境电商与传统产业融合，是我国实现传统产业转型、提升传统产业竞争力的重要途径。传统产业的参与主体依托跨境电商平台能够对接全球市场，通过渠道扁平化减少贸易成本、对接消费需求提升产品性能、直接服务客户提升消费体验。不仅如此，传统产业参与主体借助跨境电商平台实现了消费端各类数据的快速收集、整理与分析，实现了传统商业模式下大批量订单式生产方式向个性化、小批量、多频次的柔性制造生产方式的转变。在我国诸多跨境电商利好政策推动下，越来越多的中小微企业通过跨境电商新业态、新模式的转型，成功进入了全球市场（高凌云，2018）。跨境电商还刺激了电子支付、新媒体营销等传统业态的加速转型。

（二）国际循环层面分析跨境电商的促进机制

构建以国内需求为主的双循环新发展格局并非以国内大循环替代国际循环，扩大内需不是对外需的完全替代（凌永辉和刘志彪，2020），与经济全球化并不矛盾（马述忠等，2019），而是实现国内大循环与国际循环的联动协同效应。

1. 跨境电商带来了成本节约效应

贸易成本是国际经济循环的关键影响因素，跨境电商不仅能够降低交易前期的贸易成本，还能够降低交易中期与交易后期的贸易成本（鞠雪楠等，2020）。跨境电商能够实现贸易便利化，进而使贸易成本得到有效的降低，这些贸易成本不仅包括固定成本也包括可变成本（刘志彪和吴福象，2018）。以贸易成本产生的三个阶段为例来分析成本节约效应，在跨境电商交易前期，跨境电商新模式依托数字技术实现了全球信息的加速流动与商品供需效率的大幅提升，使跨境电商交易前的信息不对称问题得到有效缓解，这就降低了跨境电商交易前期的宣传成本、调研成本、搜寻成本与匹配成本；在跨境电商交易中期，通过在线即时沟通，加速了商业洽谈与订单沟通效率，这就能够大幅度降低沟通成本、协调成本与合同签订成本；在跨境电商交易后期，通过跨境电商交易所配套的支付系统、物流协同及综合服务系统，尤其是数字技术快速发展与有效应用在跨境电商活动中，使交付成本、订单管理成本、客户沟通成本、物流运输及配送成本得到了大幅度的降低。

2. 跨境电商促进了企业参与全球价值链

跨境电商具有高效的网络连接作用，不仅能够帮助行业龙头企业及跨国大型企业，也能够帮助中小微企业，实现全球市场的布局及全球价值链的深入参与，更能够加速企业在国内产业分工体系的参与。我国企业多采用"双重嵌入"模式参与全球价值链，即先嵌入国内产业集群，再整体嵌入全球价值链（张夏恒，2017）。在众多跨境电商产业集群方面，行业龙头企业起到牵引及聚集中心作用，推动着供应商上下游及同行众多的中小企业实现地区集聚。例如，浙江义乌和山东临沂的小商品产业集群、广东揭阳的个人消费品产业集群、江苏常熟的服装产业集群等。这些产业集群依托跨境电商渠道，打破了传统产业集群的时空屏障，拓宽了中小微企业融入产业集群的通路，促进了国内产业分工链条的细分与拓展，进而形成了更加完善的国内生产网络与供应链网络。

3. 跨境电商促进了国内市场效应

跨境电商与经济社会活动及传统产业融合促进了国内市场循

环，进而促进国内市场效应得到充分发挥。跨境电商通过扩大国内市场规模形成规模经济，由此刺激了大量的本土企业进入跨境电商市场，据企查查数据显示，2020年上半年我国新增跨境电商企业2356家，同比增长64.8%；跨境电商还吸引了位于价值链高端的诸多外部企业入驻国内市场，如Shoppe、Jumia、Wish等知名跨境电商企业纷纷开发我国国内市场。跨境电商衔接了国内市场与国际市场，通过跨境电商进口零售及跨境电商出口打通了国内与国际市场通路，促进了国内大循环与国际循环的协同效应。

三、跨境电商促进双循环发展作用机制

跨境电商通过进出口贸易连接国内、国际市场，促进商品、要素循环流动。跨境电商出口连接国内生产供给端，推动外贸产业转型升级，助力国家实施供给侧结构性改革，跨境电商进口连接国内消费需求端，推动国内消费升级，助力国家实施需求侧管理，帮助疏通生产、分配、流通、消费各个环节，共同推动形成以国内大循环为主体的发展格局。同时跨境电商赋能国际外循环，通过进口内向集成海外优质商品和全球要素资源，推动国内消费升级，促进我国深度融入全球要素分工体系；通过出口外向整合全球商品市场和要素市场，推动国内产业结构优化与升级，促使我国深度融入全球产业分工体系，帮助形成国内国际双循环新发展格局。跨境电商促进国内国际双循环发展的作用机制如图3-1所示。

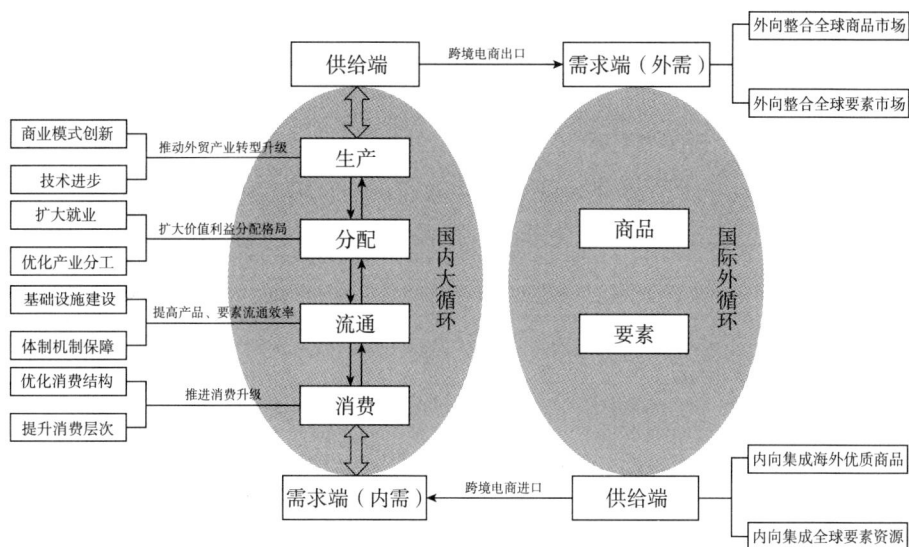

图 3-1 跨境电商促进国内国际双循环发展作用机制

（一）跨境电商助力畅通国内经济大循环作用机制

国内经济循环主要通过打通供给端和需求端，促进商品、要素等在生产、流通、分配、消费等环节的循环和流动（龙少波等，2021）。跨境电商出口连接国内供给端是经济循环的开始，通过生产环节促进技术创新、产业转型升级，提高供给质量，助力国家实施供给侧结构性改革。跨境电商进口连接国内消费端，代表着经济循环的最终目的，通过消费环节释放国内消费潜力、推进消费升级，助力国家实施需求侧管理。同时在分配环节帮助企业嵌入全球价值链，形成全球供应链价值体系，提高利益分配。在流通环节打破地域限制，实现国内国际市场双向联通，扩大流通领域。跨境电商助力打通生产、分配、流通、消费等关键环节，帮助形成国内经济循环的良性闭环，促进国内经济要素畅通运行，共同推动形成以国内大循环为主体的发展格局。

1. 生产环节：通过商业模式创新、信息技术进步推动外贸产业升级

生产环节作为国内大循环的起点，连接国内供给端，产业升级是解决结构性短缺、提高供给质量的有效途径。跨境电商通过商业模式创新推动产业结构优化，加大新技术应用力度，推动产品创新、产业链重构，进而有效推进外贸产业转型升级（杨骞和秦文晋，2018）。跨境电商通过商业模式创新优化产业结构的具体作用体现在：一是通过 B2B、B2C、C2C、B2B2C、O2O 等多种创新型贸易方式，能够有效缩短外贸流程，加强产业链上各参与主体的协调能力，实现产业间的供求结构动态均衡（马述忠和吴国杰，2016）；二是跨境电商平台、跨境物流仓储、跨境支付、运营服务商等产业链服务模式不断创新，增加了第三产业服务业在产业结构中的比重，实现服务业协调发展的产业结构优化升级。大数据、云计算、互（物）联网、区块链、5G、人工智能等新一代信息技术赋能跨境电商具体表现在：一是促进产品迭代升级。通过知识图谱结合多种数据源等数字技术为生产、研发、设计、营销、售后等环节提供更精准的用户需求分析，促进外贸制造业产品创新迭代、提高生产效率（王惠敏等，2021）。二是促进产业链重构升级。借助大数据、物联网等数字技术可以使处于不同国家供应链上的采购商、供应商等更易于线上沟通、交易和支付，实现产、供、销全程可控进而创新供应链服务，通过整合价值链环节，促进产业链重构，实现低附加值产业向高附加值产业转型，低端产业向高端产业升级，帮助企业嵌入全球产业链（钊阳和戴明锋，2019），共同推动实现外贸产业转型升级。

2. 分配环节：通过扩大就业、优化产业分工扩大价值利益分配格局

分配环节要建立完善的分配机制，扩大中等收入群体，缩小收入分配差距。跨境电商通过扩大就业提高居民收入分配，促进全球产业分工，提高企业价值链利益分配（李芳等，2019）。跨境电商在提高居民收入分配方面，通过创新贸易方式、产业集群效应等降低贸易门槛、增加就业途径。一是扩大中小外贸生产制造商或供应商就业。跨境电商产业链上围绕跨境电商产生的产业集群不仅升级了传统贸易方式，更降低了外贸门槛，让更多的中小外贸生产制造商、供应商企业或个人可以通过跨境电商从事外贸，增加外贸收入。二是扩大跨境电商服务商就业。围绕跨境电商交易的产业链物流、支付、金融、通关等服务商规模不断集聚壮大，创造更多的就业岗位，扩大了社会收入分配的覆盖范围。跨境电商在提高企业全球价值链利益分配方面，数字贸易的发展推动数字产品潜入全球价值链，改变了价值分工模式和价值链收入分配格局。一是提高价值分配地位。跨境电商贸易方式和贸易对象的数字化，将数字产品和技术作为一种中间产品逐渐潜入全球价值链，带动企业从事利润更高、技术性更先进、资本更密集的生产活动，使得跨境电商产业链上参与主体能够参与全球的价值分工与利益分配（徐金海和夏杰长，2020）。二是增加价值分配利润。由于产品生产价值链上增加值利润多集中在上游和下游，因此全球收入分配有一条向下弯曲的"微笑曲线"（倪红福，2016），我国生产商、供应商通过跨境电商平台可以直接对接海外零售终端客户，通过互联网建立并推广自己的品牌，参与价值链的前端销售环节，这样不仅能够提高生产利润、销售利润，而且能够提高个性化定制、品牌溢价带来的增值利润，强化

在全球价值链中的控制权,扩大全球价值利益分配格局。

3. 流通环节:通过基础设施建设、体制机制保障提高商品、要素流通效率

在流通环节要建设统一的国内大循环市场,实现商品、要素的自由流通(江小涓和孟丽君,2021),在商品市场上,加强流通全链条基础设施标准化建设,降低物流成本;在要素市场上,促进公平竞争,疏通要素流通的阻滞因素。跨境电商在商品流通方面,通过构建标准化流通体系、搭建跨境物流网络等基础设施建设,降低物流成本,实现跨境进出口信息流、资金流、货物流"三流合一"的高效流通。一是构建商品流通标准化体系。通过构建跨境电商进出口商品分类标准、统计监测、质量安全、商品备案、信用管理等标准体系,打通海关、外汇、检疫检验、工商、税务等相关部门,完善跨境电商商品流通的政策环境和市场环境(赵崤含,2021)。二是加大跨境物流网络基础设施建设。通过建设国内保税仓、境外海外仓、跨境物流园区、运输渠道等基础设施,运用云计算、物联网、大数据等技术构建互联互通的智能物流信息网络,实现跨境物流运输资源高效整合和运输组织无缝衔接,形成高效运转的跨境物流流通体系。跨境电商在要素流通方面,除土地、劳动力、资本、技术外,还包括数据这一新型生产要素的流通,通过深化跨境电商要素市场化改革,提高对外开放水平,破除要素流通的体制机制,扩大要素市场化配置范围。一是提高跨境电商要素投入。通过跨境电商产业用地与规划、人才培养与流动、资金投入与金融服务、技术创新与应用等基础设施投入,提升要素市场化配置效率。二是加强数据要素流通监管。通过推进跨境电商企业与政府职能部门间数据开放和共享、跨境数据流动安全与保护等手段促进数字贸易创新,加强跨

境数据要素流通监管与规范（熊鸿儒等，2021）。

4. 消费环节：通过优化消费结构、提升消费层次促进消费升级

消费环节作为双循环的出发点和落脚点，消费升级是构建完整的需求体系、推进国内国际双循环重要的驱动力。跨境电商作为一种新型的消费业态能够帮助海外高端消费回流国内，对于优化消费结构、提升消费层次、助力消费升级具有重要作用（张梦霞等，2020）。跨境电商在优化消费结构方面，一是提高中高端消费比例。伴随国内居民收入的提高和中等收入群体的壮大，居民消费除满足日常基础性消费需求外，对海外中高端消费品需求日益增加，通过跨境电商平台进口能够增加享受型和发展型消费支出比重进而优化消费结构。二是提高消费体验。跨境电商零售进口保税、海外直邮、O2O线上线下相结合等多种进口模式下，能够满足消费者对海外中高端消费品的个性化需求，提升跨境进口消费体验，有助于从简单的商品消费升级为多元化的体验型消费（张颖熙和夏杰长，2017）。跨境电商在提升消费层次方面，一是提升购买意愿和购买力。我国跨境电商消费群体呈现高年龄、高学历、高收入的"三高"特征，有较强的购买意愿和购买能力，且跨境进口消费群体属于中等收入群体，工作生活较为稳定，女性在母婴、化妆品等领域，男性在3C电子产品领域均有稳定、持续的需求力和购买力（张夏恒，2017）。二是扩大高层次消费市场。跨境电商消费群体最初分布在东南沿海及广东、上海等高收入地区，随着跨境电商消费市场发展成熟，跨境电商消费群体逐渐从大城市向中型、二三线城市延伸，消费潜力也逐渐从东部沿海地区向中西部地区发展壮大。

（二）跨境电商赋能国际外循环作用机制

在面临外部市场环境不稳定和不确定的情况下，要充分发挥国内超大规模市场优势，打通国内大循环各个环节，从而培育新形势下我国参与国际合作和竞争的新优势，增强我国对外开放的主动性和适应性，进而形成国内国际双循环相互促进的新发展格局（贾俊生，2020）。跨境电商凭借贸易模式、平台功能、信息技术等优势，能够有效降低贸易成本，扩大进出口贸易边界，使商品和数据、技术、资本等要素资源在国内市场和国际市场更好地流通。不仅可以有效刺激内需、扩大外需，而且能够深化国际分工与合作，提升国内外供给水平，促使国内外供给端和需求端达到动态平衡，推动形成国内国际双循环相互促进的发展格局。

1. 跨境电商进口内向集成全球资源

（1）内向集成海外优质商品，推动国内消费扩大与升级。跨境电商进口连接国内需求端，积极扩大进口对于"保民生"、"促生产"、"稳经济"，推动国内消费扩大与升级具有重要的战略意义（魏浩，2020）。自 2012 年国务院批准成立第一批跨境电商进口试点城市至今，逐步形成综合自营 B2C、第三方平台 M2C、C2C 等多种跨境零售进口模式，将国外商家和国内消费者通过平台直接联系在一起，推动传统外贸商品流通模式从产品管理到消费者需求管理的转变，促使 B2C、C2C 等跨境零售进口电商快速增长。

1）跨境进口电商突破传统贸易限制，改善贸易条件，扩大零售进口消费规模。跨境进口平台整合小额化、碎片化的海量订单资源形成规模优势；整合物流、支付、通关等服务商资源，形成平台招商/海外直邮、海外直采/保税备货等零售进口模式；创新个人行邮税、跨境电商综合税等监管方式降低关税水平，保障居民在同等收入水平下以较低的价格购买多样化的进口商品，直接带动跨境进口零售规模快速增长。

2) 跨境电商引进海外消费业态和消费理念，扩展进口商品品类，推进国内消费升级。通常来说，扩大进口对于提高消费者福利水平具有正向作用（周晓波和陈璋，2020），跨境电商通过挖掘平台消费数据、创新营销方式等手段精准对接国内消费需求，通过平台及时传导海外最新的消费业态和消费理念。在广泛收集国内消费需求、整合国外最新消费动态的基础上不断扩展零售进口消费品类（郭四维等，2018），满足终端消费者多样化、个性化消费需求。

（2）内向集成全球要素资源，深度融入全球要素分工体系。跨境电商进口连接海外供给端，我国拥有 14 亿多人口的超大规模消费市场，扩大进口不仅仅能够用中国强大的内需市场为全球提供更多出口机会（戴翔，2019），更重要的是依托本土庞大的市场规模优势，促进我国进一步深度融入全球要素分工体系。伴随技术进步和分工演进，各国从最终产品参与国际分工演化为优势要素参与国际分工，进口贸易的内涵和作用实际上是融入全球要素分工体系（戴翔和张二震，2017）。跨境电商进口形式上是最终消费品从国外流向国内，实质上是利用国内、国际两种资源，依托本国的数据、劳动力、技术、资本等优势要素与国外优势要素实现分工协作，据此推动国内、国际经济循环发展。

1) 跨境进口电商带动全球要素资源流动，实现价值创造。在跨境进口平台交易中，计算、通信技术的发展使得数据规模流动迅速扩大，促使传统国际贸易转移到跨境电商数字平台创造的新市场。传统外贸行业通过"数据赋能"、"数据增强"形成了全新的"数据价值链",利用数据和其他要素结合创造新的价值,如跨境电商平台数据流动,能充分挖掘国内消费需求,和资本结合形成数字货币,和劳动力、技术要素结合形成数据技术新的应用场景,实现跨境进口电商平台数据流的价值创造(黄鹏和陈靓,2021)。

2)跨境进口电商优化要素资源配置,深度融入全球要素分工体系。在当前贸易环境下,企业利用不同地区的优势要素可以在全球范围内构建生产、销售网络,我国巨大的消费市场规模对国外高端要素产生虹吸效应,跨境企业需要充分考虑我国国内需求潜力,将优势生产要素向我国市场倾斜,在全球价值链上进行有效的生产布局,促进我国在全球要素分工地位的提升,进而推动国内需求侧牵引供给侧高质量发展(戴翔等,2017)。

2. 跨境电商出口外向利用全球市场

(1)外向整合全球商品市场,推动国内产业结构优化与升级。跨境电商出口连接国内生产端,通过成本节约效应、溢出效应、异质性作用(石良平和王素云,2018),成为拉动我国外贸增长、推动出口产业结构优化与升级的重要引擎。在世界经济长期低迷、国际贸易环境复杂的双重压力下,我国外贸依靠劳动力、对外投资等(邱斌和闫志俊,2015)比较优势逐渐减弱,跨境电商充分利用数据、技术等新型生产要素并形成比较优势,通过积极开拓新市场,调整出口市场结构(许建平,1997),通过提高资本、技术、知识密集型等高附加值产品的出口比重(卢进勇和朱坚真,1990),调整出口产品结构,实现出口产业结构优化与升级。

1)跨境电商积极开拓新兴市场,调整优化出口市场结构。跨境电商借助互联网平台的外部性和规模经济能够降低贸易成本和交易价格，大大提高了中小微企业进入国际市场的机会，对于丰富出口产品种类、建立新的贸易关系、推动贸易集约边际扩展、促进边际增长具有重要作用。国内出口企业通过 eBay、亚马逊等平台将产品出口至欧美、澳大利亚等发达国家和地区，通过速卖通平台将产品出口至俄罗斯、巴西等新兴市场，通过 Lazada Group SpA、Shopee 等平台积极开拓东南亚市场，不断开发全球市场资源，推动市场结构优化与升级。

2）跨境电商提高产品附加值，调整优化出口产品结构。跨境电商将传统外贸和互联网深度融合，运用数字技术建立以客户需求为导向的动态生产运营流程，加强出口企业内部部门间沟通协作，提高信息匹配、信息沟通和组织效率（沈国兵和袁征宇，2020），提高产品生产组织管理能力；加强企业外部品牌建设、客户获取、产品开发以及质量管理等流程规范，促进出口企业产品创新和质量升级，帮助外贸企业由代工贴牌生产向自主创新品牌化建设转型（魏利平和邢文祥，2019），推动出口产品结构优化与产业升级。

（2）外向整合全球要素市场，深度融入全球产业分工体系。跨境电商出口连接海外需求端，出口构成的外需除可以理解为向国外市场提供产品和服务外，还可以理解为整合利用全球的生产要素（汤铎铎等，2020）。全球产业分工主要取决于供给满足需求的生产方式，随着供需动态调整平衡而变化（宋紫峰，2018）。跨境电商推动数字化、网络化、智能化等新技术发展改变了不同生产要素的参与度和重要性，进而改变不同国家资源禀赋优势，最终影响全球产业分工格局的形成。

1）跨境电商提高技术要素资源禀赋优势，提升产业链分工前端的包容性。由于跨境电商新技术的应用推动了全球产业分工不断深化与细化，生产与消费之间的贸易流程被不断压缩，体现在研发环节对地理空间和时间边界的延展性，实现国内多类型的研发主体参与全球范围内、24小时不间断的持续型研发分工；在制造环节广泛的智能互联及中间品贸易便利化，实现国内出口企业充分利用全球生产要素，更多的小微主体也可以参与全球产业分工体系。

2）跨境电商提高数据要素资源禀赋优势，提高跨境电商平台企业产业分工地位。以跨境电商为代表的新型数字贸易方式使数字平台成为新的全球贸易市场，以数据流为连接纽带，驱动全球产业分工深刻变革。尽管跨境电商平台不涉及生产制造，但平台消费量、产品形态构成、生产布局等大规模数据的生成、传输和处理已经成为重要的生产要素，与各相关主体建立紧密数据联系形成基于数据的生产制造和服务创新（刘志彪等，2020），促使数字产品有效地嵌入生产过程，进而提升其在全球产业分工中的参与度和控制力。

第四章

我国跨境电商政策文本内容分析

　　跨境电商作为一种新型的数字贸易方式在全球经济不景气的背景下异军突起，成为推动传统外贸转型升级的重要力量（马述忠等，2018）。欧美国家跨境电商发展起步于 20 世纪 90 年代，并在税收和监管方面已经形成较为成熟的政策体系。与欧美国家相比，我国跨境电子商务行业发展与配套政策制定相对较晚，我国跨境电商发展起步于 20 世纪末，跨境电商业务逐步从在线信息展示、交易撮合等单一信息服务发展成为集在线支付、交易、物流、通关等于一体的供应链全流程电子化的在线交易平台。伴随我国电商应用不断加深、传统外贸转型升级的迫切需要，自 2012 年开始国家从跨境电子商务试点城市政策入手，通过试点城市先行先试，逐步建立跨境零售进出口海关监管、税收、支付、物流、检疫检验等相关配套政策体系。

　　我国跨境电商行业发展离不开国家各项利好政策的支持，国务院办公厅、国家发展改单委、商务部、质检总局、海关总署、外汇管理局、税务总局等多部门相继出台多项政策文件，引导规范跨境电商行业发展。跨境电商相关政策法规出台与跨境电商行业发展具有密切关系，通过合理规划设计、合理过程控制才能做到"对症下药"。跨境电商政策设计需要同时考虑满足多重目标，多采取功能性产业政策，减少直接干预性措施对于建立更公平的市场竞争环境、实现目标协同具有重要作用。因此，梳理分析跨境电商政策文本内容及特征，对于厘清各部门政策制定的意图和背景、评价不同类型政策措施的力度和效果、制定调整相应的政策策略具有重要的指导意义。

一、相关研究评述

（一）跨境电商政策研究

我国跨境电商行业发展起步较晚，跨境电商政策发布年限较短、数量较少，与之相应，学术领域对跨境电商的政策研究相对较少。我国从 2012 年开始陆续出台若干政策引导鼓励跨境电商发展，从跨境电商试点政策入手，探索新型零售进出口贸易的税收、海关监管模式，进而提出相应的便利化措施建议，鼓励新型贸易平台发展（张鸣飞和杨坚争，2017）。跨境电商作为新兴业态，其政策体系设计的重点在于如何优化通关、税收、支付、物流、结汇等服务支撑体系（许应楠，2017），兼顾维护市场公平、促进行业发展等多重目标协同属性，制定多重协调措施，推动跨境电商健康稳定发展（张昊，2018）。新政策法规出台与跨境电商行业发展有着重要的密切关系，不同的政策阶段对跨境电商市场的吸引力度、监管力度和扶持力度不同，动态的市场与政策交

替才能够推动整个跨境电商生态系统的循环发展（杨云鹏等，
2018）。跨境电商各项政策实施效果如何，可以从政策层级、政
策时效、政策性质、发布机构、政策倾向、调控范围、作用领
域、作用对象等指标出发建立合理的评价体系，利用 PMC 指数
模型对政策实施效果进行科学评价，为政府新一轮的政策调整、
制定和实施提供决策依据（赵杨等，2018）。

（二）政策文本内容量化研究

政策文本是指因政策活动而产生的记录文献，包括国家各级
权力部门或执行机关以文件形式颁布的法律、法规、规章等官方
文献，也包括政策制定过程中形成的研究、咨询、听证、决议等
公文文档，甚至包括政策活动过程中产生的因辩论、演说、报
道、评论等形成的舆情文本。政策文本的研究方法主要有诠释范
式、价值范式、过程范式、评估和绩效范式等（Trauth，1986），
其研究范式经历了质性文本解读到定量数据分析的变化（段培
新，2013），主要包括 5 种：一是关注"说的是什么"，即对政策
文本解读的语义学研究路径（任弢等，2017）。二是关注"表达
的是什么"，即加入政策情境的语用学研究路径（狄艳华和杨忠，
2010）。三是引入政策工具或文本计量工具对政策文本内容进行
分类编码，转化成统计数据进行实证研究的政策内容研究路径
（郭毅等，2010）。四是引入图情学分析方法，关注政策文本数
量、主题、关键词等外部属性频次统计，进而反映政策变迁的义
献计量路径（李江等，2015）。五是引入网络图谱，关注联合行
文关系进而揭示政策部门合作关系及动因的社会网络路径（吴艳
东和米倩倩，2020）。

政策文本内容量化主要通过定量研究方法或工具对政策文本

进行解读或分析，进而反映政策结构特征（杨正，2019）。政策文本内容量化用定性与定量结合的语义分析方法把文本内容转化为定量的数据，分析政策特征、制定原因及实施效果（李明德等，2017）。一般可根据政策工具建立政策文本内容分类类目进行编码量化，荷兰经济学家 Kirschen 最早整理出 64 种一般化的政策工具，发展至今，政策工具已与文本量化有机结合，形成较为完善的方法体系，用于政策工具分类、结构特征、工具选择、演进特征等方面的研究（林德明和赵珊珊，2018），在中国低碳政策、风能政策、双创政策、体育政策、创新政策等政策领域分析中广泛应用。

（三）现有文献评述

综上所述，尽管跨境电商属于新兴行业，政策发布时间较短、数量较少，但现有文献已经在跨境电商政策现状描述、体系设计、效果评价等方面做出一定的研究：一是跨境电商政策涵盖通关、税收、物流、支付、检疫检验等支撑体系的构建和规范；二是跨境电商政策制定要注重多重目标属性协同，促进行业发展的同时要兼顾维护市场公平；三是对跨境电商政策实施效果做出科学评价，根据实施效果、市场阶段的具体情况对政策措施做出相应调整。

由于研究方法的局限性，现有的文献仅停留在对跨境电商政策外部特征的描述上，未对政策文本内容做深入细致的量化分析。现阶段学术界对跨境电商政策的量化分析还是一片研究蓝海，由于跨境电商政策文本数量、实施年份的限制，跨境电商政策量化分析方法具有一定的局限性，如大数量样本的政策文件可通过建立数据库、测量标准进而根据目标维度进行实证分析。鉴于跨境电商政策发布时间较短、数量较少，可考虑采用内容分析法相关理论，结合质性分析方法工具和手段对跨境电商政策文本内容进行量化，进一步深化、拓展跨境电商政策研究领域。

二、政策文本选择与研究设计

（一）政策文本选择

本书从国务院办公厅、国家发展改革委、商务部、海关总署、质检总局、外汇管理局等相关部门官方网站搜取跨境电商相关政策信息，政策的内容围绕跨境电子商务或者电子商务政策有关跨境的章节部分。通过筛选和梳理最终选取政策样本 71 份，如表 4-1 所示。

表 4-1　跨境电子商务政策文本

序号	政策名称	发文机构	时间
1	关于促进电子商务健康快速发展有关工作的通知	国家发展改革委办公室、财政部办公厅、商务部办公厅、海关总署办公厅、税务总局办公厅、工商总局办公厅、质检总局办公厅	2012-02-06
2	关于利用电子商务平台开展对外贸易的若干意见	商务部	2012-03-12
3	电子商务"十二五"发展规划	工业和信息化部	2012-03-27
4	关于组织开展国家电子商务示范城市电子商务试点专项的通知	国家发展改革委办公厅	2012-05-08

序号	政策名称	发文机构	时间
5	"国家跨境贸易电子商务服务试点工作"部署会议	国家发展改革委、海关总署	2012-12-19
6	支付机构跨境电子商务外汇支付业务试点指导意见	国家外汇管理局综合司	2013-02-01
7	关于进一步促进电子商务健康快速发展有关工作的通知	国家发展改革委办公厅、财政部办公厅、农业部办公厅、商务部办公厅、人民银行办公厅、海关总署办公厅、税务总局办公厅、工商总局办公厅、质检总局办公厅、林业局办公室、旅游局办公室、邮政局办公室、国家标准委办公室	2013-04-15
8	关于促进进出口稳增长、调结构的若干意见	国务院办公厅	2013-07-26
9	关于促进信息消费扩大内需的若干意见	国务院	2013-08-08
10	关于实施支持跨境电子商务零售出口有关政策的意见	国务院办公厅、商务部、国家发展改革委、财政部、人民银行、海关总署、税务总局、工商总局、质检总局、外汇局	2013-08-21
11	关于促进电子商务应用的实施意见	商务部	2013-10-31
12	关于支持跨境电子商务零售出口的指导意见	国家质量监督检验检疫总局	2013-11-11
13	关于跨境电子商务零售出口税收政策的通知	财政部、国家税务局	2013-12-30
14	关于增列海关监管方式代码的公告（12号文）	海关总署	2014-01-24
15	关于跨境贸易电子商务服务试点网购保税进口模式有关问题的通知	海关总署	2014-03-04
16	关于支持外贸稳定增长的若干意见	国务院办公厅	2014-05-04
17	关于跨境贸易电子商务进出境货物、物品有关监管事宜的公告（56号文）	海关总署	2014-07-23
18	关于增列海关监管方式代码的公告（57号文）	海关总署	2014-07-30
19	关于印发物流业发展中长期规划（2014—2020年）的通知	国务院	2014-09-12

续表

序号	政策名称	发文机构	时间
20	关于开展支付机构跨境外汇支付业务试点的通知	国家外汇管理局	2015-01-20
21	支付机构跨境外汇支付业务试点指导意见	国家外汇管理局	2015-01-20
22	关于加快培育外贸竞争新优势的若干意见	国务院	2015-02-12
23	关于同意设立中国（杭州）跨境电子商务综合试验区的批复	国务院	2015-03-07
24	关于深化检验检疫监管模式改革支持自贸试验区发展的意见	国家质量监督检验检疫总局	2015-03-09
25	关于改进口岸工作支持外贸发展的若干意见	国务院	2015-04-01
26	2015 年电子商务工作要点	商务部	2015-04-03
27	关于大力发展电子商务加快培育经济新动力的意见	国务院	2015-05-04
28	关于调整跨境贸易电子商务监管海关作业时间和通关时限要求有关事宜的通知	海关总署	2015-05-08
29	"互联网+流通"行动计划	商务部办公厅	2015-05-13
30	关于进一步发挥检验检疫职能作用促进跨境电子商务发展的意见	国家质检总局	2015-05-14
31	关于加强跨境电子商务进出口消费品检验监管工作的指导意见	国家质检总局	2015-06-09
32	关于促进跨境电子商务健康快速发展的指导意见	国务院办公厅	2015-06-16
33	关于积极推进"互联网+"行动的指导意见	国务院	2015-07-01
34	关于加强跨境电子商务网购保税进口监管工作的函（58 号文）	海关总署加贸司	2015-09-10
35	关于进出口货物报关单修改和撤销业务无纸化相关事宜的公告（55 号文）	海关总署	2015-12-02

序号	政策名称	发文机构	时间
36	关于中国（杭州）跨境电子商务综合试验区出口货物有关税收政策的通知	财政部、国家税务总局	2015-12-18
37	关于加快推进重要产品追溯体系建设的意见	国务院办公厅	2015-12-30
38	关于同意在天津等 12 个城市设立跨境电子商务综合试验区的批复	国务院	2016-01-12
39	全国电子商务物流发展专项规划（2016—2020 年）	商务部、国家发展改革委、交通运输部、海关总署、国家邮政局、国家标准委	2016-03-17
40	2016 年电子商务和信息化工作要点	商务部	2016-03-23
41	关于跨境电子商务零售进口税收政策的通知	财政部、海关总署、国家税务总局	2016-03-24
42	关于公布跨境电子商务零售进口商品清单的公告	财政部、发展改革委、工业和信息化部、农业部、商务部、海关总署、国家税务总局、质检总局、食品药品监管总局、濒管办、密码局	2016-04-08
43	关于跨境电子商务零售进出口商品有关监管事宜的公告（26 号文）	海关总署	2016-04-06
44	关于修改进出口货物报关单和进出境货物备案清单格式的公告（28 号文）	海关总署	2016-04-15
45	关于公布跨境电子商务零售进口商品清单（第二批）的公告	财政部、发展改革委、工业和信息化部、环境保护部、农业部、商务部、中国人民银行、海关总署、国家税务总局、质检总局、新闻出版广电总局、食品药品监管总局、濒管办	2016-04-15
46	关于执行跨境电商税收新政有关事宜的通知	海关总署办公厅	2016-04-15
47	关于跨境电商零售进口通关单政策的说明	质检总局	2016-05-15
48	关于执行跨境电子商务零售进口新的监管要求有关事宜的通知	海关总署办公厅	2016-05-24
49	关于明确跨境电商进口商品完税价格有关问题的通知	海关总署关税征管司、加贸司	2016-07-06

序号	政策名称	发文机构	时间
50	关于发布修订后的《出口退（免）税企业分类管理办法》的公告	国家税务总局	2016-07-13
51	关于跨境电子商务进口统一版信息化系统企业接入事宜的公告（57号文）	海关总署	2016-10-12
52	关于延长跨境电商零售进口监管过渡期的谈话	商务部	2016-11-15
53	关于增列海关监管方式代码的公告（75号文）	海关总署	2016-12-05
54	电子商务"十三五"发展规划	商务部、中央网信办、发展改革委	2016-12-24
55	中华人民共和国海关暂时进出境货物管理办法（157号文）	海关总署	2007-03-01
56	关于跨境电商零售进出口检验检疫信息化管理系统数据接入规范的公告	质检总局	2017-06-06
57	关于将跨境电商零售进口监管过渡期政策延长至2018年底的决定	国务院常务会议	2017-09-20
58	关于调整部分消费品进口关税的通知	国务院关税税则委员会	2017-11-22
59	关于复制推广跨境电子商务综合试验区探索形成的成熟经验做法的函	商务部、网络安全和信息化领导小组办公室、国家发展改革委、工业和信息化部、财政部、交通运输部、人民银行、海关总署、国家税务总局、国家工商行政管理总局、国家质检总局、银监会、国家邮政局、国家外汇管理局	2017-10-26
60	关于修改进出口货物报关单和进出境货物备案清单格式的公告（61号文）	海关总署	2018-06-21
61	关于扩大进口促进对外贸易平衡发展意见的通知	商务部、外交部、国家发展改革委、工业和信息化部、财政部、生态环境部、交通运输部、农业农村部、文化和旅游部、卫生健康委、人民银行、海关总署、税务总局、市场监管总局、国际发展合作署、能源局、林草局、外汇局、药监局、知识产权局	2018-07-02

序号	政策名称	发文机构	时间
62	关于同意在北京等 22 个城市设立跨境电子商务综合试验区的批复	国务院	2018-07-24
63	关于跨境电子商务综合试验区零售出口货物税收政策的通知	财政部、税务总局、商务部、海关总署	2018-09-28
64	关于印发优化口岸营商环境促进跨境贸易便利化工作方案的通知	国务院	2018-10-13
65	完善出口退税政策加快退税进度的措施	国务院常务会议	2018-10-18
66	关于实时获取跨境电子商务平台企业支付相关原始数据接入有关事宜的公告	海关总署	2018-11-03
67	关于调整跨境电子商务零售进口商品清单的公告	财政部、国家发展改革委、工业和信息化部、生态环境部、农业农村部、商务部、人民银行、海关总署、税务总局、市场监管总局、药监局、密码局、濒管办	2018-11-20
68	关于完善跨境电子商务零售进口监管有关工作的通知	商务部、国家发展改革委、财政部、海关总署、税务总局、市场监管总局	2018-11-28
69	关于完善跨境电子商务零售进口税收政策的通知	财政部、海关总署、税务总局	2018-11-29
70	电子商务法	全国人民代表大会常务委员会	2019-01-01
71	关于开展跨境电子商务企业对企业出口监管试点的公告	海关总署	2020-06-12

（二）研究设计

政策文本内容量化的方法是通过构建有意义的类目对政策文本内容进行分类编码，并将其转化成定量的数据用于描述政策文本的某些特征。解佳龙等（2019）从颁布年度、适用范畴、政策工具、执行效力四个维度对国家创新示范区科技人才政策文本进行分类量化。刘云等（2014）把国家创新体系国际化政策按照制度国际化、资源国际化、主体国际化进行分类，并结合政策工具建立二维分析框架。本书借鉴已有学者的研究，结合跨境电商政策特殊性构建参与主体、政策效力、政策阶段、政策工具分析维度对跨境电商政策结构、特征、实施效果及发展趋势进行分析（见表4-2）。

表4-2　跨境电子商务政策分析框架

维度	类目	分析内容	分析目的
维度1 参与主体	①监管主体；②交易主体；③平台主体；④服务主体	政策作用于各参与主体的数量分布，政策对各参与主体的实施要求	各参与主体在跨境电商行业发展过程中的具体要求、责任义务及参与度
维度2 政策效力	发文机构：①全国人民代表大会及其常务委员会；②国务院；③国务院各部委及直属机构 文种类型：①办法；②意见；③通知；④细则；⑤规划；⑥纲要；⑦方案；⑧措施 效力等级：①全国人大及其常务委员会颁布的法律；②国务院颁布的条例、各部委的部令；③各部委的条例、规定；④各部委意见、办法、暂行规定；⑤通知、规划、函	发文机构、文种类型、力度等级等政策数量分布，不同级别类型政策特征与适用性	厘清发文机构的级别与协同，文种类型的等级与结构，分析不同力度等级政策的可操作性和适用性
维度3 政策阶段	①蓄势期；②红利期；③监管过渡期；④规范期	各政策阶段内政策数量分布，不同政策阶段内发布的关键政策节点与阶段特征	结合跨境电商行业发展背景分析不同政策时期的阶段特征，各阶段内重要政策节点对行业发展的推动作用
维度4 政策工具	供给型：①资金；②技术；③信息；④劳动力 环境型：①政策性策略；②金融服务；③交易监管；④海关监管；⑤跨境物流；⑥检疫检验；⑦支付结算；⑧进出口税收 需求型：①海外市场；②国际合作；③政府购买	各政策工具类型的数量分布，不同政策工具使用频次和力度	不同政策工具的实施重点和缺失，完善政策工具体系

1. 参与主体

参与主体是描述政策实施对象的指标。根据跨境电商政策文本内容可将参与主体划分为四类：一是监管机构，涉及跨境通关、物流、支付、税收、检疫检验等业务全流程的政府职能部门；二是交易主体，即参与跨境电商进出口业务的经营者和境内外消费者；三是跨境电商平台主体，为交易双方提供虚拟交易场所、交易规则、信息发布、交易撮合等服务；四是供应链服务商，接受跨境进出口企业委托，为其办理申报、支付、物流、仓储等跨境电商供应链服务。

2. 政策效力

政策效力是描述政策法律效力和力度的指标。参考彭纪生等（2008）在研究创新政策协同演变效应的过程中所采纳的根据颁布机构法律权威级别和文种类型来反映政策效力指标，按照政策力度高低可以划分为五类：一是全国人大及常务委员会颁布的法律；二是国务院颁布的条例、各部委的部令等；三是国务院颁布的暂行条例、规定、方案、决定、意见、办法，各部委颁布的条例、规定、决定等；四是各部委颁布的意见、办法、方案、指南、暂行规定等；五是通知、公告、规划等。

3. 政策阶段

综合考虑我国跨境电商政策发布的年度特征、行业背景等可将跨境电商政策发展划分为四个阶段：政策蓄势期（20 世纪末至 2011 年）：跨境电商行业起步萌芽，伴随着电商政策支撑体系的建立和创新应用的加深，跨境电商行业作为新兴业态逐步兴起；政策红利期（2012~2015 年）：从试点城市政策入手逐步建立跨境零售进出口商品海关监管模式，逐步完善跨境电商监管体系；监管过渡期（2016~2018 年）：跨境零售进口税收新政实施，国务院批准按照试点模式对跨境电商零售进口有关监管要求给予一定的过渡期，同时实施跨境电子商务综合试验区建设，为推动全国跨境电商健康发展创造更多可复制推广的经验；政策规范期（2019年至今）：电子商务法正式实施，跨境零售进出口监管进一步规范。

4. 政策工具

跨境电商政策从某种角度可以看作决策者或从业者为实现宏观或个体发展目标所采取的方法和手段，选择合适的政策工具有助于达成既定的政策目标，以推动形成良性的生态循环。结合Rothwell和Zegveld的思想将基本政策工具分为供给、环境和需求三类：供给型政策工具是指政府通过扩大劳动力、信息、技术、资金等生产要素的供给力，直接推动跨境电商行业发展；环境型政策工具是指政府通过实施政策性策略、法律法规、海关监管、进出口税收、检疫检验、支付结算、跨境物流、交易监管等政策措施为跨境电商行业发展提供良好的环境支持；需求型政策工具是指政府通过第三方电商服务商外包强化跨境电商发展条件，鼓励刺激跨境电商消费群体，拓展跨境电商发展空间和市场，包括政府购买、国际市场、境外合作等。

三、政策文本计量分析

（一）参与主体分析

跨境电商参与主体是跨境电商政策的实施对象，包括监管机构、跨境电商平台、跨境电商企业、供应链服务商、消费者等。

本书通过对政策文本内容进行精读，利用 NVIVO11 软件将政策参与主体逐一分析出编码，共整理约 430 项政策条文，如一个政策条文对应多个参与主体则重复计入。各参与主体数量分布情况如表 4-3 所示。

表 4-3　跨境电子商务政策参与主体数量分布

参与主体	政策条文数量（项）	数量占比（％）
监管主体	190	44.19
交易主体	131	30.47
平台主体	46	10.70
服务主体	67	15.58

1. 监管主体

监管主体主要包含支撑跨境电商行业发展的海关监管、检疫检验、税收、物流、支付结算等相关政府部门。跨境电商行业发展初期需要政府部门为关键环节支撑体系的建立提供职能保障，因此政策文本中监管主体政策条文数量较多，占比约 44.19％。海关监管由海关总署牵头联合相关部门共同研究制定企业注册备案、通关服务、风险布控等配套管理制度及标准规范。检疫检验由国家质检总局研究制定跨境零售进出口企业及货物的申报管理、备案管理、清单管理、信用管理、风险监控、质量追溯等检疫检验工作体制机制。进出口税收由财政部、国家税务总局等联合相关部门对跨境零售进出口商品税收征收对象、征收标准、退免税范围等进行监管。跨境物流由国务院制定发展规划，交通运输部等相关部委对跨境物流基础设施、物流网络的实施建设进行监管。支付结算由国家外汇管理局、中国人民银行等对跨境支付机构、外汇银行等跨境支付、收结汇等业务进行监管。因此，在当前发布的跨境电商政策文本中，政策内容较多地表现为对监管机构主体的职能任务和实施要求做出具体的部署，说明我国跨境电商行业发展的初期需要各职能部门协调共同建立支持跨境电商行业发展的支撑体系和配套设施。

2. 交易主体

交易主体包含跨境电商进出口企业和境内外消费者，交易主体买卖双方在跨境电商发展中发挥着关键作用。跨境电商政策文本中交易主体政策条文数量为 131 项，其中跨境电商企业卖方主体数量为 105 项，占比约 80.15%，境内外消费者买方主体数量为 26 项，占比约 19.85%。跨境电商行业起步阶段，跨境电商政策交易主体数量主要集中在对跨境电商企业卖方主体的引导和规范，相关政策条文注重引导外贸个体或企业等通过自建或在第三方平台上积极开展跨境电商业务，促进外贸转型升级。同时积极扩大跨境零售进出口，增加消费渠道引导促进跨境消费，培育跨境进出口消费群体。伴随着跨境电商的蓬勃发展、交易主体的不断壮大，相关政策条文开始注重关注如何规范交易主体行为，对卖方主体的规范体现在对跨境进出口企业在通关、税收、检验检疫、支付、交易等关键环节进行注册备案、数据监测、风险管理等方面做出明确要求。对买方主体的规范体现在对境内外消费者作为纳税义务人在关税、增值税、消费税等缴纳标准、商品质量保障、消费者权益保护等方面做出明确规定。

3. 平台主体

平台主体是独立的跨境电商交易信息网络系统的经营者，通过制定平台规则，提供信息发布、交易撮合等服务为交易主体双方提供虚拟交易场所。跨境电商政策文本对平台主体已有明确关注但涉及平台主体的政策内容较少，仅占总数的 10.70%。在跨境电商行业发展初期，政策鼓励进出口企业利用跨境电商平台拓展进出口业务，积极发挥平台主体在跨境贸易中的作用，通过企业、协会与平台合作等方式整合行业生态系统资源，培育引导跨境电商规模化、集聚化发展。随着跨境电商平台访问量、企业注册数量、外贸交易额等不断扩大，相关政策条文逐步注重对平台的内部监督和外部监管。内部监督要求平台主体加强对平台入驻企业诚信经营、知识产权保护、交易风险等实施管控；外部监管要求平台主体配合各级商务主管部门及直属机构进行关键业务的统计监测、动态风险评估、完善信息整合等业务，提高跨境电商平台交易的安全性和成功率。

4. 服务主体

服务主体是指能够为跨境电商企业提供报关、支付、物流、仓储、金融等服务的供应链服务商。跨境电商政策文本中对服务主体已经做出具体的实施要求，约占政策总数的 15.58%。跨境电商行业发展初期，跨境电商政策通过监管协作、部门协调等手段，引导跨境电商平台、物流企业、支付机构、通关服务、检疫检验等相关部门数据对接和信息共享，为中小企业提供电子单证处理、报关、退税、结汇、保险、融资等一站式服务。伴随跨境电商行业发展，为跨境电商企业提供代理通关、代理运营、第三方支付、第三方检验、跨境物流、金融保险、咨询培训等配套服务的外贸服务企业不断发展壮大，跨境电商政策开始注重对各环节服务主体实施监管，按照相关部门的要求提供注册备案、数据传输、信息共享等标准化服务，并接受海关、市场监管等部门的后续监管承担相应的主体责任。

（二）政策效力分析

1. 政策发文机构

发文机构级别能够反映国家对政策制定和实施的重视程度，跨境电商政策发文机构按照级别高低可以划分为三类：一是中共中央、全国人民代表大会及常务委员会；二是国务院；三是国务院各部委，包含国务院办公厅、国务院组成部门（国家发展改革委、商务部、工业和信息化部、财政部）、国务院直属机构（海关总署、质检总局、外汇管理局）等。跨境电商政策发文机构的数量分布情况如表 4-4 所示，主要涉及 12 个部门，总体呈现两个特点：一是政策主体多元化，政策目标领域覆盖较广。跨境电商政策发文机构主要集中在国务院各部委及直属机构，国务院及常务会议单独发文 14 项，约占政策总数的 19.72%，明确国务院下属各机构在跨境电商行业发展中的分工和职责，从宏观层面引领跨境电商行业发展。国务院各部委及直属机构发布政策 56 项（包括联合发文和单独发文），约占政策总数的 78.87%，完善跨境交易、支付、通关、物流、税收、检疫检验等领域技术标准、业务流程和监管机制，从实践层面规范约束跨境电商行业发展。全国人大常务委员会发布 1 项政策，约占政策总数的 1.41%，从法律层面规范跨境电商行业环境。二是整体规划与部门协作相结合，多部门联合决策协调度较好。单独发文约占政策总数的 47.87%，主要表现在国务院集中部署政策目标，各部委及直属机构集中执行政策职能。联合发文约占 52.13%，说明当前政策是国务院各部委和直属机构多部门联合博弈的结果。国家发展改革委、商务部、财政部、海关总署、税务总局、质检总局等机构是跨境电商行业政策体系建立和执行的重点部门，制定的政策文本数量较大，部门协调程度较高，表明在当前阶段已经初步建立起支撑跨境电商行业发展的部门支撑体系。

表4-4 跨境电子商务政策发文机构   单位：项

发布机构	政策数量	单独发文	联合发文
全国人大及其常务委员会	1	1	0
国务院	14	14	0
国务院办公厅	6	6	0
国家发展改革委	10	1	9
商务部	14	5	9
工业和信息化部	4	1	3
财政部	11	0	11
海关总署	31	20	11
质检总局	9	5	4
外汇管理局	4	3	1
税务总局	13	1	12
工商行政管理总局	2	0	2

2. 政策文种类型

文种类型的不同反映政策实施力度的大小。跨境电商政策主要采用12种公文形式，包括法律、部令、管理办法、批复、意见（实施意见、指导意见）、工作方案、公告、通知、规划、函、说明、会议。跨境电商政策文种类型分布情况如表4-5所示，具有以下特点：一是指导落实工作要点、管理规范工作举措等内容的政策文本较多是当前我国跨境电商政策实施的重点内容，如通知、意见、公告类政策文本数量最多，分别为18项、19项、15项，合计约占总量的73.24%。二是制订跨境电商实施发展计划类的政策较少，如批复、规划、会议政策数量较少，分别为3项、5项、4项，合计约占总量的16.9%。三是权威性的法律法规、规章条例等政策文本较为罕见，如法律、部令、办法等政策数量最少，合计约占总量的4.23%。说明我国正处于大力支持跨境电子商务发展的关键时期，在政策制定上侧重于通知、意见、公告等灵活型政策文种，方便根据行业实际发展情况进行调整实施，注重通过制度设计和宏观规划等手段促进引导跨境电商行业发展，符合跨境电商行业发展当前阶段的实践进程，在跨境电商发展的下一阶段须更加注重实施强制性的法律法规来规范各类主体行为。

表4-5　跨境电子商务政策文种类型分布情况

类型	法律	部令	办法	通知	意见	公告	批复	规划	方案	函	说明	会议
数量（项）	1	1	1	18	19	15	3	5	1	2	1	4
占比（%）	1.41	1.41	1.41	25.35	26.76	21.13	4.23	7.04	1.41	2.82	1.41	5.63

3. 政策效力

政策发文机构级别和政策文种类型共同决定政策制定效力的大小，政策效力能够反映政策实施的法律效力和对政策主体行为的影响力。跨境电子商务政策效力类型分布情况如表4-6所示。一是通知、公告、规划、函等力度最小的政策数量最多，约占总数的57.75%。该类型的政策多是针对某一项具体事务做出政策性引导，虽然法律效力较低但对跨境电商参与主体行为影响较为明确。二是国务院各部委及直属机构发布的意见、办法等政策数量较多，约占总数的21.13%。该类型的政策多是有关部门对跨境电商行业某些问题做出具体规定和处理意见，具有较强的针对性和指向性。三是国务院颁布的方案、意见、会议等政策数量较少，约占总数的18.31%。该类型的政策由国务院直接发布，政策效力较高，具有较强的宏观指导性和策略性。四是全国人大及其常务委员会颁布的法律、国务院及各部委指令分别发布1项，数量最少，约占总数的1.41%。该类型的政策法律效力最高，对跨境电商行业发展具有较高的约束力和执行力。跨境电商政策力度数量分布说明我国在跨境电商政策力度上整体不高，政策数量侧重于针对某些具体问题对参与主体行为做出明确引导并能够进行灵活调整，但对行业发展的共性问题缺乏相应的约束力和执行力。

表4-6　跨境电子商务政策效力类型

效力等级	政策部门	文种类型	数量（项）	占比（%）
Ⅰ	全国人大及其常务委员会	法律	1	1.41
Ⅱ	海关总署	部令	1	1.41
Ⅲ	国务院	意见、方案、批复、国务院常务会议等	13	18.31
Ⅳ	国务院办公厅、商务部、税务总局、质检总局、外汇管理局	管理办法、意见	15	21.13
Ⅴ	国务院、国家发展改革委、财政部、商务部、工业和信息化部、海关总署、税务总局、工商总局、外汇管理局、质检总局	公告、通知、规划、函、会议	40	57.75

（三）政策发展阶段分析

在我国跨境电商行业发展的不同阶段，政策制定呈现明显的阶段性特征。综合考虑我国跨境电商行业发展阶段特点、政策年度发布数量以及关键政策发布的重要节点，将跨境电商政策发展进程划分为政策蓄势期、政策红利期、监管过渡期、政策规范期四个重要阶段。

1. 政策蓄势期（20世纪末至2011年）

我国跨境电商行业起步于20世纪末，以阿里巴巴国际站、中国制造网等为代表的平台为跨境出口企业提供在线展示、交易撮合等信息服务，不提供在线交易业务。2004年敦煌网上线标志着跨境电商从单一信息展示升级为交易、支付、物流、通关等全流程电子化的在线交易平台。在此期间国家相继出台《电子签名法》、《关于加快电子商务发展的若干意见》等法规政策，推动电商法规环境和支撑体系逐步建立，电商创新应用不断加强，跨境电商作为电子商务领域新兴业态逐步兴起。国家发布《跨境贸易人民币管理办法》、《物流业调整和振兴规划》等跨境电商政策措施规范跨境结算，发展国际物流，鼓励企业利用电商平台开展对外贸易，为跨境电商政策行业集中爆发积蓄产业基础和政策基础。

2. 政策红利期（2012~2015年）

在全球外贸经济不景气的背景下，小额化、碎片化的订单逐渐成为推动外贸增长的新方式。2012年商务部、国家发展改革委办公厅先后出台《关于利用电子商务平台开展对外贸易的若干意见》和《关于组织开展国家电子商务示范城市电子商务试点专项的通知》，鼓励引导传统外贸企业转型升级，并针对以快件或邮件的方式通关的跨境贸易电子商务，由海关总署组织有关电子商务示范城市开展跨境贸易电子商务服务专项试点工作。2013年国务院办公厅等出台《关于实施支持跨境电子商务零售出口有关政策的意见》，提出在试点城市完善支付、税收、检疫检验等支持政策，外汇管理局、质检总局、税务总局等部门迅速做出响应，出台相关的实施措施，推动跨境电商零售出口业务发展壮大。2014年海关总署相继出台"12号"文、"56号"文、"57号"

文等,把跨境电商正式纳入海关监管,并创新提出跨境电商零售进口业务按照个人物品进行监管。2015年跨境电商政策集中爆发,外汇支付、检疫检验、海关监管等相关环节政策相继出台,并进一步出台中国(杭州)跨境电子商务综合试验区政策,推动交易、支付、物流、通关、退税、结汇等环节监管模式和信息化建设先行先试。在政策红利下跨境进出口平台不断涌现,跨境进口电商集中爆发。

3. 监管过渡期(2016~2018年)

在政策引导下跨境电商行业迅速发展,尤其是在跨境零售进口业务按照个人物品进行监管的政策红利下,伴随跨境进口消费品需求不断扩大,需要进一步完善跨境个人消费品的监管。2016年3月,财政部、海关总署、国家税务局联合发布《关于跨境电子商务零售进口税收政策的通知》,对跨境零售进口税收监管从个人行邮税调整至(消费税+增值税)×70%的新税政策。政策规定在监管过渡期内对于保税进口和直邮进口按税收新政征税,但海关监管仍按新税政策前监管模式进行监管,对于部分商品暂不执行跨境零售进口商品清单的进口许可批件、注册备案要求。海关总署、质检总局等部门相继发文对实施税收新政做出相关业务部署。监管过渡期的截止日期也一再延长,从2016年海关正式发文规定为2017年5月11日,到2017年国务院会议决定将跨境零售进口监管过渡期延长至2018年底。同时实施跨境电子商务综合试验区建设,重点对B2B出口业务相关环节的技术标准、业务流程、监管模式和信息化建设等方面先行先试,将跨境电商线上综合服务和线下产业园区"两平台"及信息共享、金融服务、智能物流、风险防控等监管和服务"六体系"等成熟做法向全国复制推广。在监管过渡期内跨境电商综试区进一步扩容,

2015年批复设立杭州为全国首个跨境电子商务综合试验区，至2020年国务院已经分批次设立总共105个跨境电商综合试验区，覆盖30个省、自治区和直辖市，充分体现国家对跨境电商新业态、新模式"包容审慎"的监管理念。

4. 政策规范期（2019年至今）

跨境电商零售进口监管过渡期后，海关、税收、检疫检验等各环节监管进一步规范。2018年8月31日，第十三届全国人民代表大会常务委员会颁布《中华人民共和国电子商务法》，规定于2019年1月1日起实施，明确跨境电子商务经营者、平台经营者等的权利与义务，并积极促进跨境电子商务各环节监管规范化和信息化发展。2018年11月28日，商务部、国家发展改革委、财政部、海关总署、税务总局、市场监管总局等发布《关于完善跨境电子商务零售进口监管有关工作的通知》，对监管过渡期后进口监管工作做出进一步安排，规定于2019年1月1日起正式实施，明确跨境电商企业、跨境电商平台、境内服务商、消费者、政府部门等参与主体各方的责任与义务，为保障政策规范实施、有效监管提供决策依据。

（四）政策工具分析

跨境电子商务政策从某种角度可以看作决策者或从业者为实现宏观或个体发展目标所采取的方法和手段。选择构建的政策工具和体系有助于达成既定的政策实施目标，推动形成良性的生态循环。本书依据政策工具理论将文本内容分析的基本单元界定为每份政策中具体的政策条文，对71份政策样本的条文逐一进行梳理，共整理出390项政策条文编码，抽取归类到对应的政策工具里，如果同一条文涉及两个及以上政策工具，则同一条文重复计算对应多个政策工具。政策工具数量分布如表 4-7 所示。现有政策工具体系中环境型政策工具使用频次为 350，占比约 89.74%，供给型政策工具使用频次为 13，占比约 3.33%，需求型政策工具使用频次为 27，占比约 6.92%。

表 4-7　跨境电子商务政策工具数量分布

政策工具	类型	数量（项）	占比（%）
供给型	资金	2	3.33
	劳动力	4	
	技术	3	
	创新	4	
环境型	政策性策略	46	89.74
	海关监管	111	
	检疫检验	41	
	进出口税收	60	
	支付结算	33	
	跨境物流	20	
	金融服务	10	
	交易监管	21	
	法律法规	8	
需求型	海外市场	12	6.92
	境外合作	15	
	政府采购	0	

1. 供给型政策工具

供给型工具通过资金、劳动力、技术、创新等要素投入推动跨境电商行业生产力发展成熟。其中跨境电商供给型政策工具资金要素投入占比约 15.38%，体现在国家通过加大跨境电商资金支持、财政补贴等手段加大行业投资力度。劳动力要素投入占比约 30.77%，体现在通过加大跨境电商人才培养、劳动力培训、跨境电商教育输出等手段提升劳动力素质、增加劳动力供给。技术要素投入占比约 23.08%，体现在通过加大跨境电商平台、物流、支付、检疫检验等环节信息化建设增加技术要素投入，提高智能化水平。创新要素投入占比约 30.77%，体现在跨境电商制度、管理、技术、商业模式等创新领域的开发和应用。

2. 环境型政策工具

环境型政策工具相比其他政策工具使用频次最多。政策性策略占比约 13.14%，包括宣传推介、跨境电商试点城市和跨境电商综试区建设等，跨境贸易电商服务试点项目，重点完成对跨境零售进口业务的探索，跨境电商综合试验区重点实施对跨境 B2B 业务先行先试。海关监管类占比约 31.71%，增列"跨境贸易电子商务"、"保税电商"等监管代码，将跨境零售进出口电商正式纳入海关监管。增列"跨境电商 B2B 直接出口"、"跨境电子商务出口海外仓"，完善跨境电商企业对企业出口管理规范。检验检疫占比约 11.71%，重点建设跨境电商零售进出口备案、申报、清单、风险防控、质量追溯等管理制度。进出口税收占比约 17.51%，重点设定跨境电商零售进口税收征收标准，界定跨境零售出口退（免）税范围。支付结算占比约 9.43%，重点规范支付机构跨境电商外汇支付业务，监管跨境电商平台企业支付相关原始数据。跨境物流占比约 5.71%，重点加强跨境电商物流基础设施和支撑体系建设，推进跨境电商物流便利化。交易监管占比约 6%，重点监管企业经营行为、交易纠纷处理、知识产权保护、统计检测标准等。金融服务占比约 2.86%，重点支持培育跨境电商服务企业、第三方平台等为跨境电商企业提供融资、保险等金融服务。法律法规占比约 2.29%，重点规范跨境电商经营者、平台经营者等各方主体的行为规范，将自然人主体纳入监管范围保障各方权益，引导促进跨境电商发展。

3. 需求型政策工具

需求型政策工具通过加强境外合作、拓展海外市场、加大政府采购等手段扩大市场需求。跨境电商需求型政策工具仅在海外市场、国际合作等方面有较少的应用。其中海外市场占比约55.56%，体现在通过鼓励企业自建平台或第三方平台加快品牌培育、融入境外零售体系、拓展海外营销渠道。境外合作占比约44.44%，体现在鼓励政府、企业、专家等各层面的交流以推进国际合作，通过积极参与或发起多双边、区域跨境电子商务规则谈判参与制定跨境电子商务国际规则。需引起重视的是，政府部门还未实施跨境电商相关采购业务，跨境电商市场需求提升主要依靠消费者群体自发支撑。

四、结论与展望

（一）研究结论

本章以71份跨境电子商务政策文本为研究对象，从参与主体、政策力度、政策阶段、政策工具四个维度对政策文本内容进行量化分析，得出如下结论：

第一，根据跨境电商政策作用对象的不同，可将参与主体分为监管主体、交易主体、平台主体、服务主体4种类型。监管主体涉及通关、物流、支付、税收、检疫检验等跨境电商关键业务环节，是建立跨境电商行业配套体系的重要支撑部门。交易主体包括作为卖方的跨境电商企业和作为买方的境内外消费者，交易主体发展壮大、行为规范对跨境电商行业发展具有关键作用。平台主体整合跨境电商各主体资源为交易双方提供网络交易场所，是跨境电商行业发展的重要载体。服务主体为跨境电商企业提供报关、支付、物流、仓储、金融等供应链服务，帮助建立跨境电商行业配套设施体系。

跨境电商政策参与主体数量分布表明：一是跨境电商政策条文对参与主体的覆盖较为全面，各参与主体均是构成跨境电商发展的重要因素。二是虽然跨境电商政策致力于各参与主体协调发展，但目前来看内容数量明显偏重监管主体。说明在行业发展初期政策更依赖于各职能部门协调建立跨境电商支撑体系和配套设施，这是其他参与主体发展壮大的基础。三是在行业发展的不同阶段导致政策实施的侧重点有所不同。在行业发展初期政策内容侧重于鼓励发展壮大跨境电商交易主体、平台主体、服务主体等，伴随跨境电商行业发展出现的种种问题，政策内容开始更加注重对各主体行为的监管与规范。

第二，根据政策文种类型和政策发文机构级别高低决定政策效力的 5 个等级。从跨境电商政策文种类型来看共采用 12 种公文形式，其中通知、意见、公告等灵活型政策数量最多，批复、规划、会议等发展计划类政策数量较少，权威性的法律法规、规章条例等政策数量最少。从跨境电商政策发文机构来看主要涉及12 个部门，其中国务院办公厅、商务部、财政部、工业和信息化部、国家发展改革委、海关总署、质检总局、税务总局、外汇管理局、工商行政管理总局等国务院各部委及直属机构发布政策数量最多，国务院及常务会议发布政策数量较少，全国人大常务委员会发布政策数量最少。从跨境电商政策效力等级来看政策效力等级和政策数量分布成反比，越小效力等级的通知、公告、规划、函，政策数量越多，级别越高的机构，其发布的权威型的政策文本数量越少。

跨境电商政策效力等级数量分布表明：一是越高级别政策机构，发布的权威型政策具有越高的法律效力和实施力度，跨境电商权威型政策占比较少，对行业主体行为的约束力和影响力较弱。二是越低级别政策机构，发布的灵活型政策具有越低的法律效力和实施力度，跨境电商灵活调整型政策居多，政策实施能够根据实际问题做出有针对性的调整。三是我国跨境电商政策从整体上看政策效力不高，说明在当前发展阶段对行业的共性问题缺乏相应的约束力和执行力，但针对具体问题能够做出明确的政策导向，并能及时根据行业发展状况做出相应的政策调整。

第三，根据政策年度数量分布和关键政策节点，结合跨境电商行业发展特征将跨境电商政策划分为政策蓄势期、政策红利期、监管过渡期、政策规范期4个阶段。20世纪末至2011年，国家鼓励发展电子商务应用，跨境电子商务作为电子商务创新业态逐步兴起，跨境电商政策体现在规范跨境贸易结算、鼓励发展国际物流等方面。2012年国家正式出台跨境电商相关政策，从跨境贸易电子商务试点城市入手研究制定跨境电商零售进出口监管模式，尤其在对跨境零售进口商品按照个人物品进行监管的政策红利下，跨境进口电商迅速发展。2016年实施跨境零售进口新税政策，但海关监管仍按新税前模式，标志着政策红利开始向监管规范过渡，在监管过渡期内跨境电商综合试验区不断扩容，重点鼓励跨境电商出口业务发展。2018年电子商务法颁布以及相关部门发布的针对过渡期后的工作安排于2019年1月开始实施，各方主体责任义务进一步明确，标志着跨境电商政策进入规范发展期。

跨境电商政策阶段的数量分布说明：一是跨境电商政策数量在时间分布上集中在 2015 年和 2016 年，在政策红利期和监管过渡期内需要各部门协调制定调整相应的政策措施。二是跨境电商政策实施重点先完成跨境电商试点对跨境零售进口的探索，通过政策红利引导跨境进口电商爆发，继而通过跨境电商综合试验区建设重点探索跨境电商 B2B 出口业务模式，推动跨境出口业务发展。三是跨境电商监管过渡主要是针对跨境电商零售进口业务的税收、海关等监管模式的过渡，跨境零售进口监管过渡期后，2020 年重点对跨境 B2B 出口业务监管进行规范。

第四，根据政策工具理论将跨境电商政策条文编码依次归类到供给型、环境型、需求型政策工具下。供给型政策工具包括资金、技术、劳动力、创新等生产力要素投入。资金要素投入体现在政府加大跨境电商资金支持、增加财政补贴力度等；劳动力要素投入体现在加强跨境电商人才培养、劳动力培训、跨境电商教育输出等；技术要素投入体现在加强供应链信息化建设、提升智能化水平等；创新要素体现在跨境电商制度、管理、技术、商业模式等创新领域的开发和应用。环境型政策工具包括法律法规、政策性策略、海关监管、检疫检验、跨境物流、进出口税收、交易监管、金融服务等。法律法规政策重点规范跨境电商各方主体的行为规范；政策性策略主要体现在通过跨境电商试点、跨境电商综合试验区等政策性措施促进跨境电商行业发展；海关监管政策增列监管代码，将跨境电子商务零售、企业对企业等进出口业务模式正式纳入海关监管；检疫检验政策重点建设跨境电商零售进出口备案、申报、清单、风险防控、质量追溯等管理制度；进出口税收政策规范设定跨境电商零售商品税收征收标准，退免税范围；支付结算重点规范支付机构、平台、企业等外汇支付行为；跨境物流通过鼓励支持基础设施物流体系建设推进跨境电商物流便利化；交易监管重点监管企业经营行为、交易纠纷处理、知识产权保护、统计检测标准等；金融服务重点支持为跨境电商企业提供融资、保险等金融服务。跨境电商需求型政策工具仅在海外市场、国际合作两方面有较少的应用。扩大海外市场需求通过鼓励企业自建平台或第三方平台发展跨境电商业务拓展海外营销渠道；国际合作体现在推进国际交流合作，积极参与制定跨境电子商务国际规则。

跨境电商政策工具数量分布表明：一是从整体来看，经过多年政策积累，已经形成较为完整的跨境电商政策工具体系，为跨境电商行业发展提供了良好的政策工具环境。二是环境型政策工具相比其他政策工具使用频次最多，说明在当前阶段跨境电商政策更加注重构建产业支撑体系、基础配套设施、标准化监管流程等政策环境。三是供给侧和需求侧工具使用不足，说明在下一阶段，政府应注重调整政策策略，加大资金、技术、劳动力、创新等供给侧要素投入，同时应通过加强境外合作、拓展海外市场、加大政府采购等手段扩大市场需求。

（二）研究不足及展望

由于政策问题研究的复杂性，将定性和定量研究方法结合是政策研究的必然趋势。本书运用定性、定量相结合的方法探索性地构建参与主体、政策效力、政策阶段、政策工具4个分析维度，具有一定的可行性。运用统计分析、质性分析等工具对跨境电商政策文本内容进行编码量化，为保证量化数据的可靠性和一致性，培训 3 名研究生开展多轮量化，并对结果进行同质性信度检验，研究过程符合学术研究需要。结合跨境电商行业发展背景，从多角度对跨境电商政策的结构、特征、实施效果、发展趋势等进行分析，对于进一步制定调整相应的政策策略，完善跨境电商政策体系具有一定的参考价值。

作为跨境电商政策文本的探索性研究，研究所使用的方法存在不足。一是对政策文本内容量化主要是通过建立分析维度，设置相应的类目和编码，进而分析政策的结构性特征，在下一步的研究中可基于政策文本计算方法构建主题词编码，对概念进行识别和抽取进而分析政策主题关联性和共性。二是对政策文本的计量通过对文本内容编码根据相应的分类标准分析出不同类型的数量分布，在下一步的研究中可在编码数据的基础上设置相应的量化标准，建立计量模型进行实证分析，如对参与主体、政策力度的分析，可通过设置量化指标或专家打分等方法形成计量数据通过计量模型进而深入分析参与主体、政策部门之间的参与度和协同度，计算不同等级政策的实施力度。三是根据关键政策节点划分不同的政策阶段进行分析，在下一步的研究中可运用政策工具、实证模型对跨境电商政策的演进规律、特征及发展趋势进行深入分析。

第五章

跨境电商促进双循环发展政策阶段分析

　　跨境电商作为我国对外贸易新的模式，已经成为我国打造对外开放新高地、拉动对外贸易经济增长新的增长极。因此，构建"双循环"新发展格局对跨境电商会产生重大影响。一方面，双循环新发展格局的提出为跨境电商的发展提供了历史机遇。2020年10月29日，党的十九届五中全会通过的《中共中央关于制定国民经济和社会发展第十四个五年规划和二〇三五年远景目标的建议》提出，新发展格局是对"十四五"时期和未来更长时期我国经济发展战略、路径做出的重大调整和部署。跨境电商会因此获得更好的发展平台和机遇，更好地促进我国经济高质量发展。另一方面，双循环新发展格局为跨境电商带来重大挑战。基于新发展格局，国内外发展格局和策略都会做出重大调整，跨境电商政策如何做出调整更好地服务国家发展需求是值得我们思考和研究的问题。

　　我国双循环新发展格局的形成经历了从1949年到改革开放前的以内循环为主，从改革开放初期至2008年我国外向型经济逐步形成，国际外循环占主导地位，再到2008年至今在全球经济不景气的背景下，我国开始逐步注重内循环发展模式，并适时提出国内国际双循环发展战略时期。综合考虑我国跨境电商行业发展阶段特点、政策年度发布数量以及关键政策发布的重要节点，将跨境电商政策发展进程划分为四个阶段：政策蓄势期（20世纪末至2011年）：跨境电子商务行业起步萌芽，跨境电子商务行业作为新兴业态逐步兴起；政策红利期（2012~2015年）：从试点城市政策入手逐步建立跨境零售进出口商品海关监管模式；监管过渡期（2016~2018年）：跨境零售进口税收新政实施，国务院批准按照试点模式对跨境电商零售进口有关监管要求给予一定的过渡期；政策发展期（2019年至今）：电子商务法正式实施，跨境零售进出口监管进一步规范。

可以看出，我国双循环新发展格局形成与跨境电子商务政策发布具有一定的阶段关联性和重合性，双循环新发展格局下跨境电子商务政策阶段效应研究主要是通过对跨境电子商务政策文本内容聚焦点变迁的分析，以此论证我国跨境电子商务政策发布与双循环新发展格局发展形成阶段具有一定的耦合性。

一、20世纪末至2011年：外向型经济发展格局形成时期

伴随改革开放市场化进程逐步加速，2001年我国加入世界贸易组织，外向型经济发展格局逐步形成。在外向型经济发展格局的形成和发展背景下，我国出口跨境电子商务应运而生，2000年初以阿里巴巴国际站、环球资源网、中国制造网等为代表的平台

为外贸出口企业提供 365 天网上外贸展会功能，展示供应商或采购商的商品或服务信息，促成线下交易。2004 年敦煌网成立，标志着跨境出口电商从单一信息展示平台升级为在线交易平台，能够线上完成搜索、咨询、下单、支付、物流、评价等网上交易全过程，之后 DX、兰亭集势、大龙网、阿里速卖通等平台相继上线，从 B2B 小额批发业务逐渐衍生出 B2C 零售业务，贸易链条进一步缩短，成为跨境出口电商的主流模式。在此阶段正是我国互联网应用逐步加深，贸易出口飞速增长的时期，跨境电商与双循环的关系作用主要体现在促进外贸出口增长，推动国际外循环方面。

（一）跨境电商政策文件

在外向型经济发展格局形成时期，主要靠出口拉动经济增长。跨境电商作为一种新型的外贸方式逐步萌芽，跨境电商作为电子商务应用的新型业态是伴随我国电商行业应用加深而产生的。与之相应，在该时期跨境电商相关政策的发布主要体现在电商促进政策中，且由于行业刚起步，相关的数量较少（见表5-1）。2005 年国务院发布《关于加快电子商务发展的若干意见》，提出我国处于电商发展应用的起步阶段，要加强完善政策法规体系，推动加深电商的应用和创新，支持企业面向国际市场在线销售和采购，鼓励企业参与国际市场竞争。2009 年国家发布《跨境贸易人民币结算试点管理办法》、《物流业调整和振兴规划》2 项跨境电商政策措施，规范跨境结算、发展国际物流，鼓励企业利用电商平台开展对外贸易。2011 年国家相继发布《"十二五"电子商务发展指导意见》、《关于开展国家电子商务示范城市创建工作的指导意见》，深化电商在跨境贸易服务中的应用，为跨境电商政策行业集中爆发积蓄产业基础和政策基础。

表 5-1　2005~2011 年跨境电商政策

时间	名称	发布部门
2005-01-08	关于加快电子商务发展的若干意见	国务院办公厅
2009-03-10	物流业调整和振兴规划	国务院
2009-09-01	跨境贸易人民币结算试点管理办法	中国人民银行、财政部、商务部、海关总署、税务总局、银监会
2011-03-07	关于开展国家电子商务示范城市创建工作的指导意见	国家发展改革委、商务部、中国人民银行、国家税务总局、国家工商行政管理总局
2011-10-01	"十二五"电子商务发展指导意见	商务部

（二）跨境电商出口促进外向型经济发展政策效应分析

外向型经济发展格局形成时期是我国贸易出口飞速增长的时期，跨境电商发展和应用降低了国际贸易成本，增加了出口概率，促进了出口扩展边际和集约边际的提升。跨境电商与双循环的关系作用主要体现在促进外贸出口增长，推动国际外循环方面。外贸出口企业通过互联网平台发布商品信息，吸引新的客户群体。该时期跨境电商政策内容主要聚焦在通过政策引导鼓励企业通过电商平台开展对外贸易。

1. 加快电商发展和应用，完善政策法规环境和支撑体系

在外向型经济形成发展时期，随着信息技术的发展和普及，我国电商快速发展，应用初见成效，促进了国民经济信息化的发展。但是，与发达国家相比，我国电商仍处在起步阶段，存在着应用范围不广、水平不高等问题，加快电商在外贸领域的发展和应用是应对经济全球化、把握发展主动权、提高国际竞争力的必然选择，有利于提高我国在全球范围内配置资源的能力，提升我

国经济的国际地位。

（1）完善政策法规环境，规范电商行业发展。加强统筹规划和协调配合，通过编制发展规划，明确电商发展目标和任务。认真贯彻落实《中华人民共和国电子签名法》等推进电商相关法律法规建设，研究制定电子交易、信用管理、安全认证、在线支付、税收、市场准入、隐私权保护、信息资源管理等方面的法律法规问题，为推进电商应用推广提供政策法规环境。研究制定鼓励电商发展的财税政策，加强电商税费管理；加大对电商基础性和关键性领域研究开发的支持力度；采取积极措施，支持企业面向国际市场在线销售和采购，鼓励企业参与国际市场竞争，促进我国外贸企业通过电商平台拓展出口业务。

（2）加快信用、认证、标准、支付和现代物流等支撑体系建设。加强政府监管、行业自律及部门间的协调与联合，鼓励企业积极参与，建立健全相关部门间信用信息资源的共享机制，建设在线信用信息服务平台，实现信用数据的动态采集、处理、交换；严格信用监督和失信惩戒机制，逐步形成既符合我国国情又与国际接轨的信用服务体系。按照有关法律规定，制定电商安全认证管理办法，整合现有资源，完善安全认证基础设施，建立布局合理的安全认证体系。鼓励以企业为主体，联合高校和科研机构研究制定电商关键技术标准和规范，参与国际标准的制定和修正，积极推进电商标准化进程。完善物流基础设施建设；广泛采用先进的物流技术与装备，优化业务流程，提升物流业信息化水平。在政策的推动下建立完整的支撑体系，为跨境电商出口业务的迅速增长提供强有力的保障。

（3）加强交流与合作，鼓励企业参与国际竞争。由于跨境电商是一个新兴业态，跨境电商国际标准是空白领域，政策鼓励各类跨境电商主体积极参加有关电商的国际组织，参与国际电商重要规则、条约与示范法的研究和制定工作。密切跟踪研究国际电商发展的动态和趋势，加强技术合作，推动市场融合。同时企业要强化国际竞争意识，积极应用电商开拓国际市场，提高国际竞争能力。国家海关、检疫检验、税收、金融监管机构等部门充分发挥信息资源优势，为企业走向国际市场提供及时准确的信息和优质的服务。

2. 加强跨境物流、结算等关键环节政策引导，完善跨境电商基础设施建设

物流、支付结算是跨境电商产业链的关键环节，跨境物流基础设施建设和支付结算标准化建设是推动跨境电商行业产生发展的重要基础。

（1）跨境贸易支付结算行为规范化。2009 年，为促进贸易便利化，扩大外贸出口，中国人民银行、财政部、商务部等 6 部委联合制定颁发《跨境贸易人民币结算试点管理办法》，明确规范了监管机构、商业银行、企业在跨境贸易结算中的行为。重点提出使用人民币结算的出口贸易按照有关规定享受出口货物退（免）税政策，企业的跨境贸易人民币结算不纳入外汇核销管理，办理报关和出口货物退（免）税时不需要提供外汇核销单，由境内结算银行和境内代理银行依法向税务部门提供企业相关数据、资料。

（2）鼓励跨境物流基础设施建设。2009 年，国务院颁布了《物流业调整和振兴规划》，明确指出加快国际物流和保税物流发展，加强主要港口、国际海运陆运集装箱中转站、多功能国际货运站、国际机场等物流节点的多式联运物流设施建设，积极推进海关特殊监管区域整合发展和保税监管场所建设。在有效监管的

前提下，要求各有关部门要简化审批手续，优化口岸通关作业流程，实行申办手续电子化和一站式服务，提高通关效率。充分发挥口岸联络协调机制的作用，加快"电子口岸"建设，积极推进大通关信息资源整合。

3. 推动电商创新应用，鼓励企业通过电商平台拓展海外市场

（1）制定发展规划和目标，促进跨境电商服务创新。2011年，商务部出台的《"十二五"电子商务发展指导意见》里明确提出，重点鼓励电商服务创新。通过鼓励电商交易服务平台、技术服务平台、中介服务平台的发展，培育一批具有行业影响力，提供电商咨询、资讯、法律、信息技术、人力资源等专业服务的电商服务企业。支持已初具规模的、具有影响力并符合国内外市场需求导向的电商服务网站发展，积极推动高附加值的电商衍生品的开发与应用。鼓励电商服务企业开拓国际市场，加快与国际电商市场接轨。在加强电商创新服务应用规划目标的引导下，我国跨境电商交易平台、物流、营销、通关、金融等服务平台应运而生。

（2）设立试点城市，探索跨境电商模式创新。2011年，我国发展改革委、商务部等多部门联合发布《关于开展国家电子商务示范城市创建工作的指导意见》，通过电子商务示范城市试点探索跨境电商贸易模式创新。政策文件中通过鼓励商贸业态和模式的不断创新，加快内贸和外贸的融合联动，促进制造业和服务业的有机结合，助推货物贸易与服务贸易的同步发展，带动形成现代物流业，推动贸易发展方式转变。协调解决网络交易与电子认证、在线支付、物流配送等环节的集成应用问题，发展集交易、电子认证、在线支付、物流配送、代理报关、结汇、检疫检验和信用评价于一体的全程电子商务服务。鼓励企业积极采取有效措施，开拓电子商务应用领域，支持大型骨干企业以跨境供应链协同为重点发展电子商务，引导中小企业利用第三方电子商务服务平台拓展国内外市场并进行在线销售、采购等生产经营活动。

二、2012～2016年：外向型经济发展格局调整时期

伴随我国经济飞速增长和人均可支配收入提高，经济发展过度依赖外部循环，依靠出口拉动的弊端逐步显现。我国最早在2006年"十一五"规划中就提出把"扩大内需作为经济发展的基本立足点"，2011年"十二五"规划进一步强调"构建扩大内需长效机制"，逐步调整外向型经济发展格局转向以内循环为主的模式。在这一时期伴随着我国中产阶级崛起和居民消费升级，跨境进口电商依托互联网平台购买境外的产品，海淘、代购等新型消费方式逐步在国内兴起。

（一）跨境电子商务政策文件

2012年，商务部、国家发展改革委办公厅先后出台《关于利用电子商务平台开展对外贸易的若干意见》和《关于组织开展国家电子商务示范城市电了商务试点专项的通知》，鼓励引导传统外贸企业转型升级，并针对以快件或邮件方式通关的跨境贸易电子商务，由海关总署组织有关电子商务示范城市开展跨境贸易电商服务专项试点工作。2013年10月，在杭州、宁波、上海、重庆、郑州首批5个服务试点城市展开跨境电商新政试点。2014

年海关"12号"文、"56号"文、"57号"文的相继出台正式承认了跨境电商的合法地位,逐步形成保税进口、直邮进口等跨境进口电商模式。2015年,跨境电商政策集中爆发,外汇支付、检疫检验、海关监管等相关环节政策相继出台,在跨境进口政策红利下,天猫国际、网易考拉、京东全球购等进口平台相继出现。2016年,批复出台中国(杭州)跨境电子商务综合试验区政策推动交易、支付、物流、通关、退税、结汇等环节监管模式和信息化建设先行先试。

1. 海关监管政策

2014年,海关"12号"文发布增列海关监管方式代码"9610",全称"跨境贸易电子商务",适用于境内个人或电商企业通过电商交易平台实现交易,并采用"清单核放、汇总申报"模式办理通关手续的电子商务零售进出口商品,标志着国家正式承认跨境电子商务的合法地位。之后,海关"56号"文、"57号"文、"58号"文增列"1210"保税监管模式,创新开展了零售保税进口监管模式,提出对跨境零售进口商品按照个人物品监管,征收个人行邮税。2016年,相继颁发一系列针对跨境电子商务零售进口监管的监管政策、清单管理政策,引导规范跨境零售进口业务发展(见表5-2)。

表5-2 2012~2016年跨境电商海关监管政策

时间	名称	发布部门
2014-01-24	关于增列海关监管方式代码的公告("12号"文)	海关总署
2014-03-04	关于跨境贸易电子商务服务试点网购保税进口模式有关问题的通知	海关总署
2014-07-23	关于跨境贸易电子商务进出境货物、物品有关监管事宜的公告("56号"文)	海关总署

时间	名称	发布部门
2014-07-30	关于增列海关监管方式代码的公告（"57号"文）	海关总署
2015-05-08	关于调整跨境贸易电子商务监管海关作业时间和通关时限要求有关事宜的通知	海关总署
2015-09-10	加强跨境电商网购保税进口监管工作的函（"58号"文）	海关总署
2015-12-02	关于进出口货物报关单修改和撤销业务无纸化相关事宜的公告（"55号"文）	海关总署
2016-05-15	关于跨境电商零售进口通关单政策的说明	质检总局
2016-05-24	关于执行跨境电子商务零售进口新的监管要求有关事宜的通知	海关总署办公厅
2016-07-06	关于明确跨境电商进口商品完税价格有关问题的通知	海关总署关税征管司、加贸司
2016-12-05	关于增列海关监管方式代码的公告（"75号"文）	海关总署

2. 税收政策

2016年，新税政策实施之前，跨境电商零售进口按照个人物品监管，征收个人行邮税，在政策红利下跨境零售进口业务迅速增长，为进一步规范跨境零售进口业务，2016年，财政部、国家税务总局对零售进口税收实施新税政策，并鼓励规范设立跨境零售进口免税店。针对跨境电商零售出口业务界定了企业退免税实施范围、出口退免税企业管理实施办法，进一步规范零售进出口税收监管（见表5-3）。

表5-3　2012~2016年跨境电商税收政策

时间	名称	发布部门
2013-12-30	关于跨境电子商务零售出口税收政策的通知	财政部、国家税务总局
2015-12-18	关于中国（杭州）跨境电子商务综合试验区出口货物有关税收政策的通知	财政部、国家税务总局
2016-03-24	关于跨境电子商务零售进口税收政策的通知	财政部、海关总署、国家税务总局

时间	名称	发布部门
2016-04-08	关于公布跨境电子商务零售进口商品清单的公告	财政部、国家发展改革委等
2016-04-15	关于公布跨境电子商务零售进口商品清单（第二批）的公告	财政部、国家发展改革委等
2016-04-15	关于执行跨境电商税收新政有关事宜的通知	海关总署办公厅
2016-07-13	关于发布修订后的《出口退（免）税企业分类管理办法》的公告	国家税务总局

3. 检疫检验政策

为促进跨境电商健康快速发展，国家质检总局相继出台政策，从清单管理、跨境产品溯源机制管理、跨境商品申报管理、备案管理、信用管理、信息化建设等需求出发，积极构建符合跨境电子商务发展需求的检疫检验工作机制（见表5-4）。

表5-4　2012~2016年跨境电商检疫检验政策

时间	名称	发布部门
2013-11-11	关于支持跨境电子商务零售出口的指导意见	国家质检总局
2015-03-09	关于深化检验检疫监管模式改革支持自贸试验区发展的意见	国家质检总局
2015-05-14	关于进一步发挥检验检疫职能作用促进跨境电子商务发展的意见	国家质检总局
2015-06-09	关于加强跨境电子商务进出口消费品检验监管工作的指导意见	国家质检总局
2015-12-30	关于加快推进重要产品追溯体系建设的意见	国务院办公厅

4. 支付结算政策

为积极支持跨境电子商务发展，防范互联网渠道外汇支付风险，2015年，国家外汇管理局在总结《支付机构跨境电子商务外汇支付业务试点指导意见》前期经验的基础上，制定了《支付机构跨境外汇支付业务试点指导意见》，在全国范围内开展支付机构跨境外汇支付业务试点，国家外汇管理局分局、外汇管理部选择有实际需求、经营合规且业务和技术条件成熟的支付机构参与跨境外汇支付业务试点，并办理"贸易外汇收支企业名录"登记手续（见表5-5）。

表5-5 2012~2016年跨境电商支付结算政策

时间	名称	发布部门
2013-02-01	支付机构跨境电子商务外汇支付业务试点指导意见	国家外汇管理局综合司
2015-01-20	关于开展支付机构跨境外汇支付业务试点的通知	国家外汇管理局
2015-01-20	支付机构跨境外汇支付业务试点指导意见	国家外汇管理局

5. 物流政策

自国务院印发《物流业调整和振兴规划》以来，我国物流业保持较快增长，基础设施条件和政策环境明显改善，现代产业体系初步形成。2014年，在物流业发展逐步完善的基础上，国务院印发《物流业发展中长期规划（2014—2020年）》，根据此文件的精神要求，2016年商务部、国家发展改革委、交通运输部、海关总署、国家邮政局、国家标准委制定了《全国电子商务物流发展专项规划（2016—2020年）》，对跨境电商物流发展做出明确的规划布局（见表5-6）。

表5-6 2012~2016年跨境电商物流政策

时间	名称	发布部门
2014-09-12	关于印发物流业发展中长期规划（2014—2020年）的通知	国务院
2016-03-17	全国电子商务物流发展专项规划（2016—2020年）	商务部、国家发展改革委等

6. 试点政策

我国从 2012 年电子商务示范城市试点专项政策开始，确定上海、杭州、重庆、宁波、郑州 5 个试点城市，积极探索对跨境零售进出口业务模式创新，郑州试点率先创新跨境零售保税进口、直邮进口等监管模式，并在全国复制推广，此后，全国多个城市积极申报跨境电商试点城市。2015 年中国（杭州）跨境电子商务综合试验区建设，积极探索跨境电商"两平台、六体系"等建设标准，从 2015 年批复杭州为全国首个跨境电子商务综合试验区，至 2020 年国务院已经分批次设立总共 105 个跨境电子商务综合试验区（见表 5-7）。

表 5-7　2012~2016 年跨境电商试点政策

时间	名称	发布部门
2012-05-08	关于组织开展国家电子商务示范城市电子商务试点专项的通知	国家发展改革委办公厅
2012-12-19	"国家跨境贸易电子商务服务试点工作"部署会议	国家发展改革委、海关总署
2015-03-07	关于同意设立中国（杭州）跨境电子商务综合试验区的批复	国务院
2016-01-12	关于同意在天津等 12 个城市设立跨境电子商务综合试验区的批复	国务院

7. 支持引导政策

跨境电子商务的支持引导类政策包括 2012 年商务部发布的《关于利用电子商务平台开展对外贸易的若干意见》的专项促进政策，还包括从电子商务、外贸进出口、电子商务应用、"互联网+流通"等领域针对促进跨境电商发展的相关支持政策（见表 5-8）。

表 5-8　2012~2016 年跨境电商支持引导政策

时间	政策文件	发布单位
2012-02-06	关于促进电子商务健康快速发展有关工作的通知	国家发展改革委办公厅、财政部办公厅等
2012-03-12	关于利用电子商务平台开展对外贸易的若干意见	商务部
2012-03-27	电子商务"十二五"发展规划	工业和信息化部
2013-04-15	关于进一步促进电子商务健康快速发展有关工作的通知	国家发展改革委办公厅、财政部办公厅等
2013-07-26	关于促进进出口稳增长、调结构的若干意见	国务院办公厅
2013-08-08	关于促进信息消费扩大内需的若干意见	国务院
2013-08-21	关于实施支持跨境电子商务零售出口有关政策的意见	国务院办公厅、商务部等
2013-10-31	关于促进电子商务应用的实施意见	商务部
2014-05-04	关于支持外贸稳定增长的若干意见	国务院办公厅
2015-02-12	关于加快培育外贸竞争新优势的若干意见	国务院
2015-04-01	关于改进口岸工作支持外贸发展的若干意见	国务院
2015-04-03	2015 年电子商务工作要点	商务部
2015-05-04	关于大力发展电子商务加快培育经济新动力的意见	国务院
2015-05-13	"互联网+流通"行动计划	商务部办公厅
2015-06-16	关于促进跨境电子商务健康快速发展的指导意见	国务院办公厅
2015-07-01	关于积极推进"互联网+"行动的指导意见	国务院
2016-03-23	2016 年电子商务和信息化工作要点	商务部
2016-11-15	关于延长跨境电商零售进口监管过渡期的谈话	商务部
2016-12-24	电子商务"十三五"发展规划	商务部、中央网信办、国家发展改革委

（二）跨境电子商务进口促进外向型经济调整政策效应分析

在我国外向型经济发展格局调整时期，随着我国经济发展，人们对商品的消费需求逐步升级，消费层次逐步递进，消费者的主体意识逐渐增强，新型消费业态不断涌现。此阶段正是跨境进口电商行业集中爆发阶段，跨境零售进口规模逐年增加，商品品类不断扩大，监管方式逐步完善，成为我国进口贸易的重要补充。在跨境进口电商消费人群中，年青一代的"85后"、"90后"成为主流，他们对产品品质多样性、个性化以及服务体验等方面的要求越来越高，跨境进口电商满足了国内消费群体对国外高端商品的个性化需求，并引进国外新的消费业态和消费理念，进一步释放国内消费潜力，推动国内消费升级，进而带动国内经济大循环。

相应体现在政策方面，该时期正是跨境电商政策爆发期和跨境电商零售进口政策的红利期，跨境电商海关监管、进出口税收、支付结算、检疫检验、跨境物流等支持引导政策发布较为集中，跨境进口政策倾斜性红利较为突出，为跨境零售进口业务爆发式增长提供了较好的政策支撑。

1. 注重政策支持引导，跨境电商行业集中爆发

跨境电商将传统外贸流程电子化、数字化，突破时空限制，能有效降低成本，提高效率，创造更多贸易机会，有利于广大中小企业开展对外贸易，开拓国际市场，已成为世界主要国家和地区开展国际贸易的重要手段，广泛应用于国际贸易的各个环节。跨境电商是促进外贸发展方式转变的重要手段，作为新兴的销售渠道和贸易形式，突破了展览、展销、现场对口洽谈等传统外贸营销模式所受的制约，有利于企业缩短贸易链条，建立自主营销渠道，开展研发设计，形成新的外贸增长点，推动外贸发展方式转变。因此我国出台专项跨境电子商务发展促进政策，鼓励政府职能部门、企业、平台等多方协同共同推动行业发展。

（1）职能部门积极引导。各级政府职能部门通过积极引导企业利用电子商务平台特别是重点培育的开展对外贸易电商平台拓展进出口业务，支持跨境小额B2B、零售B2C平台提供对外贸易

服务。各级监管部门探索建立监督机制，促进规范发展。国家发展改革委、工业和信息化部、海关、外汇、质检、工商等多部门联合共同建立跨境电商行业监督机制，完善跨境电商平台、跨境电商企业、供应链服务商的监督机制，及时规范行业内各类主体利用重点平台开展对外贸易的行为和做法；对违法违规的电商平台制定相应的惩治办法进行处理。

（2）外贸企业加快应用。引导传统外贸企业要提高利用电商平台开展对外贸易的认识，加大人才、资金和技术投入，加强电商软硬件建设，通过政策鼓励引导外贸企业积极利用电商平台开展对外贸易，不断提高利用跨境电商在对外贸易中的比重。引导企业掌握跨境电商营销、支付、物流、通关运营流程，实现操作流程的标准化和程序化。同时注重风险防范和控制，逐步引入比较成熟的风险控制和防范做法。政策引导企业加快跨境电子商务应用的重点在于，以品牌培育、国际营销和售后服务环节，加强培训、交流和指导，帮助企业提升利用平台开展对外贸易的能力和水平，加强与国际知名电子商务企业的交流与合作，统筹利用国内外两种资源、两个市场。

（3）跨境平台提升服务水平。引导跨境电商交易平台、跨境电商服务平台发展，打通跨境电商交易流程数据，推进贸易单证的标准化和电子化进程。政府主导支持建设"单一电子窗口"服务平台，促进海关、检疫检验、港口、银行、保险、物流服务的电子单证协调，提高对外贸易监管效率，降低企业成本。加强跨境电商服务平台业务创新，除网上展会、信息撮合业务积极发展围绕交易环节的支付、金融、通关、检疫检验、物流等环节服务创新。

2. 跨境电商政策支撑体系逐步建立，跨境电商进一步规范

在此时期，跨境电商政策发布数量较为集中，已经建立起包括法律法规、政策性策略、海关监管、检疫检验、进出口税收、支付结算、跨境物流、交易监管、金融服务等完整的政策支撑体系。法律法规政策重点规范跨境电商各方主体的行为规范；政策性策略主要体现在通过跨境电商试点、跨境电商综合试验区等政策性措施促进跨境电商行业发展；海关监管政策增列监管代码，将跨境电商零售、企业对企业等进出口业务模式正式纳入海关监管；检疫检验政策重点建设跨境电商零售进出口备案、申报、清单、风险防控、质量追溯等管理制度；进出口税收政策规范设定跨境电商零售商品税收征收标准，退（免）税范围；支付结算政策重点规范支付机构、平台、企业等外汇支付行为；跨境物流政策通过鼓励支持基础设施物流体系建设推进跨境电商物流便利化；交易监管政策重点监管企业经营行为、交易纠纷处理、知识产权保护、统计检测标准等，金融服务政策重点支持为跨境电商企业提供融资、保险等金融服务。

（1）海关监管。海关监管部门自 2014 年"12 号"文发布到 2016 年"75 号"文，先后增列了"9610"跨境电子商务、"1210"保税跨境电子商务 B 型、"1239"保税跨境电子商务 A 型等监管代码。对跨境电子商务出口实施"清单核放、汇总申报"，对跨境零售进口进行保税进口、直邮进口等监管模式的探索，尤其在进口监管领域，通过监管服务创新，进口清单、通关作业时间等管理完善，促进跨境零售进口行业进一步规范。

（2）检疫检验。国家质检总局积极构建符合跨境电子商务发展的检疫检验工作机制，加大制度创新、管理创新和服务创新，通过试点先行先试进而进行复制推广。对跨境电子商务清单管理

制度、跨境电子商务风险监控体系、跨境电子商务质量追溯体系、跨境电子商务商品申报管理、跨境电子商务备案管理、信用监管体系等做出了明确的政策要求。

（3）进出口税收。进出口税收政策设定跨境电商零售商品税收征收标准，退（免）税范围。在进口环节，2014 年跨境电商零售进口商品按照个人物品进行监管，征收个人行邮税。2016 年新税政策对跨境零售进口商品税收征管做出进一步规范，规定跨境电商零售进口商品按照货物征收关税和进口环节增值税、消费税，购买跨境电商零售进口商品的个人作为纳税义务人，实际交易价格（包括货物零售价格、运费和保险费）作为完税价格。

（4）物流服务。2014 年《物流业中长期发展规划》中提出推动国际物流发展，加强枢纽港口、机场、铁路、公路等各类口岸物流基础设施建设。加快物流基础设施互联互通，构建服务于全球贸易和营销网络、跨境电商的物流支撑体系，为国内企业"走出去"和开展全球业务提供物流服务保障。在 2016 年《全国电子商务物流发展专项规划（2016—2020 年）》中提出推进跨境电商物流便利化。为电商物流企业的国际化和海外并购提供法务、商务和税务方面的信息支持，完善海关、检疫检验、邮政管理等部门之间的协作机制，鼓励国内邮政设施、邮政国际通道、航空运输资源和铁路运输资源等向电商物流企业开放与共享。

（5）支付结算。2013 年，外汇管理局专门针对机构、个人通过互联网进行电商交易出台外汇支付专项管理规定，为规范支付机构跨境互联网支付业务发展，防范互联网渠道跨境资金流动风险提供管理依据。并于 2015 年通过跨境外汇支付业务试点进行跨境支付管理政策落地实施，积极防范互联网渠道外汇支付风险。

3. 跨境进口电商政策红利突出，跨境进口电商迅速发展

（1）跨境零售进口试点政策红利。2012 年，国家展开电商专项试点城市建设，并在上海、重庆、杭州、宁波、郑州 5 个城市设立跨境贸易电子商务服务试点。试点城市依托电子口岸建设机制和平台优势，实现外贸电商企业与口岸管理相关部门的业务协同与数据共享，解决制约跨境贸易电商发展的瓶颈问题，优化通关监管模式，提高通关管理和服务水平。2014 年，郑州试点率先走通跨境零售进口保税监管模式，同年海关"57 号"文发布增列"1210"监管代码，全称保税跨境贸易电子商务，适用于境内个人或电商企业在经海关认可的电商平台实现跨境交易，并通过海关特殊监管区域或保税监管场所进出的电商零售进出境商品。"1210"监管方式用于进口时仅限经批准开展跨境贸易电商进口试点的海关特殊监管区域和保税物流中心（B 型）。通过海外直采，集中在保税区备货，消费者线上下单后，跨境进口商品从国内保税区发货等流程，极大地缩短了跨境电商物流时间，提高了跨境零售进口监管效率。在跨境零售进口监管模式创新政策红利下，2015 年，以天猫国际、网易考拉、京东全球购等为代表的跨境零售进口平台集中爆发。

（2）跨境零售进口税收政策红利。2014 年 3 月，海关总署发布《关于跨境贸易电子商务服务试点网购保税进口模式有关问题的通知》，将跨境零售进口商品按照个人消费品进行监管，试点网购商品以"个人自用、合理数量"为原则，参照《海关总署公告 2010 年第 43 号（关于调整进出境个人邮递物品管理措施有关事宜）》每次限值为 1000 元人民币，超出规定限值的应按照货物规定办理通关手续。但单次购买仅有 1 件商品且不可分割的，虽超出规定限值，经海关审核确属个人自用的，可以参照个

人物品规定办理通关手续。税收征收标准以电子订单的实际销售价格作为完税价格，参照行邮税税率计征税款。应征进口税税额在人民币 50 元以下（含 50 元）的，海关予以免征。

2016 年，财政部、海关总署、国家税务总局联合发布《关于跨境电子商务零售进口税收政策的通知》，跨境电子商务零售进口商品按照货物征收关税和进口环节增值税、消费税，实施跨境零售进口新税政策。按照文件要求跨境电商零售进口商品的单次交易限值为人民币 2000 元，个人年度交易限值为人民币 20000元。在限值以内进口的跨境电商零售进口商品，关税税率暂设为0%；进口环节增值税、消费税取消免征税额，暂按法定应纳税额的 70% 征收。

（3）跨境零售进口监管过渡期延长红利。2016 年 5 月 24日，财政部会同有关部门起草了跨境电商零售进口税收政策有关过渡期监管方案，明确了过渡期内跨境电商零售进口商品新的监管要求。过渡期内在试点城市继续按照税收新政实施前的监管要求进行监管，即网购保税商品"一线"进入海关特殊监管区域或保税物流中心（B 型）暂不验核通关单，暂不执行《跨境电子商务零售进口商品清单》备注中关于化妆品、婴幼儿奶粉、医疗器械、特殊食品的首次进口许可证、注册或备案要求。文件要求监管过渡期为 1 年，截止期为 2017 年 5 月 11 日。2016 年 11 月，商务部发表就跨境零售进口过渡期后监管总体安排的谈话，提出过渡期进一步延长至 2017 年底。跨境零售进口监管过渡期的延长为跨境零售进口行业的进一步发展争取了更长时间的政策红利，为促进跨境电商零售进口平稳健康发展提供了政策保障。

三、2017年至今：双循环新发展格局形成时期

2018年底，中央经济工作会议提出"畅通国民经济循环"，并"促进形成强大国内市场"。在面临中美贸易摩擦不断升级、全球经济下滑、新冠肺炎疫情扩展等严峻的外部形势下，我国在"十三五"收官之年提出加快形成以国内大循环为主体、国内国际双循环相互促进的新发展格局。此阶段正是我国跨境电商全产业链集聚化、规模化发展时期，跨境出口电商已经从外贸增长的新方式、新引擎逐渐发展成为常态化的外贸方式，对于重塑全球产业链、提高我国企业在全球价值链的地位具有重要作用。跨境进口电商在国内消费升级、政策红利的推动下，从个人代购、海淘到各类模式的跨境进口平台，从单一商品交易到全交易流程服务。跨境进口电商已经从野蛮生长的快速扩张期进入规范化、常态化发展阶段，对于扩大内需体系，实现消费升级与产业升级双向促进具有重要作用。

与之相应，跨境电子商务政策表现在政策红利进一步延长，跨境电子商务政策引导体现在对跨境电商产品生产商或供应商、跨境电商平台、产业链服务商、用户等参与跨境电商交易全过程的各个节点集聚化、规模化发展的引导。2017年，国务院会议决定将跨境零售进口监管过渡期进一步延长，同时重点推进跨境电子商务综合试验区建设，对B2B出口业务相关环节的技术标准、业务流程、监管模式和信息化建设等方面先行先试，围绕跨境电

商全产业链建设线上综合服务和线下产业园区"两平台",以及信息共享、金融服务、智能物流、风险防控等监管和服务"六体系"。从 2015 年批复杭州为全国首个跨境电子商务综合试验区,至 2020 年国务院已经分批次设立总共 105 个跨境电子商务综合试验区,充分体现跨境电商在经过爆发式的增长阶段后,逐渐形成了全产业链、全业态的发展模式。

(一)跨境电子商务政策文件

2017 年 9 月 20 日,国务院总理李克强主持召开国务院常务会议,要求新建跨境电商综合试验区,将跨境电商监管过渡期政策延长 1 年至 2018 年底。商务部等有关部门发布《关于复制推广跨境电子商务综合试验区探索形成的成熟经验做法的函》,要求将跨境电商线上综合服务和线下产业园区"两平台"及信息共享、金融服务、智能物流、风险防控等监管和服务"六体系"等成熟经验做法向全国推广,推动跨境电商进出口全产业链规模化发展。2018 年进一步完善零售进出口海关监管、注册登记管理、数据介入、信息化管理、信用管理、税收征订等政策。2019 年正式发文规定跨境电子商务综合试验区零售出口税收征收标准,对跨境电子商务零售出口试行增值税、消费税免税等相关政策,同时进一步批复在全国 24 个城市设立跨境电子商务综合实验区。2020 年商务部等六部门印发通知进一步扩大跨境电商零售进口试点,进一步扩大至 86 个城市及海南全岛,进一步批复 46 个跨境电子商务综合试验区。2021 年跨境电商企业对企业出口"9810/9710"模式在全国复制推广(见表 5-9)。

表 5-9 2017~2021 年跨境电子商务政策文件

政策文件	发布单位	时间
中华人民共和国海关暂时进出境货物管理办法（157号文）	海关总署	2017-03-03
关于跨境电商零售进出口检验检疫信息化管理系统数据接入规范的公告	质检总局	2017-06-06
关于将跨境电商零售进口监管过渡期政策延长至2018年底的决定	国务院常务会议	2017-09-20
关于复制推广跨境电子商务综合试验区探索形成的成熟经验做法的函	商务部、网络安全和信息化领导小组办公室、国家发展改革委等	2017-10-26
关于调整部分消费品进口关税的通知	国务院关税税则委员会	2017-11-22
关于修改进出口货物报关单和进出境货物备案清单格式的公告（61号文）	海关总署	2018-06-21
关于扩大进口促进对外贸易平衡发展意见的通知	商务部、外交部等	2018-07-02
关于同意在北京等22个城市设立跨境电子商务综合试验区的批复	国务院	2018-07-24
关于跨境电子商务综合试验区零售出口货物税收政策的通知	财政部、税务总局等	2018-09-28
关于印发优化口岸营商环境促进跨境贸易便利化工作方案的通知	国务院	2018-10-13
完善出口退税政策加快退税进度的措施	国务院常务会议	2018-10-18
关于实时获取跨境电子商务平台企业支付相关原始数据接入有关事宜的公告	海关总署	2018-11-03
关于调整跨境电子商务零售进口商品清单的公告	财政部、国家发展改革委等	2018-11-20
关于完善跨境电子商务零售进口监管有关工作的通知	商务部、国家发展改革委等	2018-11-28
关于完善跨境电子商务零售进口税收政策的通知	财政部、海关总署、税务总局	2018-11-29
电子商务法	全国人民代表大会常务委员会	2019-01-01
关于开展跨境电子商务企业对企业出口监管试点的公告	海关总署	2020-06-12
关于扩大跨境电商零售进口试点、严格落实监管要求的通知	商务部、国家发展改革委等	2021-03-18

政策文件	发布单位	时间
关于在全国海关复制推广跨境电子商务企业对企业出口监管试点的公告	海关总署	2021-06-22
关于加快发展外贸新业态新模式的意见	国务院办公厅	2021-07-02
关于进一步深化跨境贸易便利化改革优化口岸营商环境的通知	海关总署、国家发展改革委等	2021-08-20
关于全面推广跨境电子商务零售进口退货中心仓模式的公告	海关总署	2021-09-10

（二）跨境电商全产业链升级促进双循环政策效应研究

1. 跨境电商全产业链升级助力构建国内大循环政策效应

跨境电商通过进、出口贸易连接国内、国际市场，促进商品、要素循环流动，进而推进国内国际双循环。跨境电商出口连接国内生产供给端，推动外贸产业转型升级助力国家实施供给侧改革，跨境电商进口连接国内消费需求端，推动国内消费升级助力国家实施需求侧管理，帮助疏通生产、分配、流通、消费各个环节，共同推动形成以国内大循环为主的发展格局。在该时期我国跨境电商政策对跨境进出口的影响作用主要表现在：

（1）跨境电商出口推动国内产业升级。从 2014 年开始，跨境电商行业进入集中爆发增黏的阶段，在各项利好政策的支持下，跨境电商产业链相关的物流、支付、检疫检验、金融、税收、交易监管等相关基础设施逐步完善。经过行业发展的枳淀和各项政策的支持，2017 年后跨境电商迎来了全产业链、全业态升级的时代。在国家各项政策的指导下跨境电商通过商业模式创新提高外贸效率，降低经营成本，加强与境外企业的合作，为培育我国外贸竞争新优势注入了新动力。跨境电商产业链主要包括跨境出口平台（阿里国际站、大龙网、阿里速卖通、亚马逊、易贝等）、跨境进口平台（网易考拉、天猫国际、京东全球购、小红书、唯品国际等）、物流服务商（中国邮政、顺丰速运、UPS、FedEx、菜鸟、京东物流等）、支付服务商（PayPal、易宝支付、VISA、连连支付、汇付天下、财付通、支付宝等）、金融服务商（中国银行、商业银行、网金社、WORLD FIRST 等）、供应链服务商（阿里巴巴一达通、世贸通、思亿欧等）。从市场参与者来看，跨境电商全产业链发展一方面适应了外贸模式从批发向零售的转型发展，通过缩短中间环节提高外贸效率。另一方面满足消费升级的需求，通过跨境电商引进国外新型的消费业态，把升级的消费潜力保留在国内市场。

1）实现跨境电商产业链发展促进产业结构动态平衡。在政策推动下，外贸企业、跨境电商平台、跨境物流仓储、跨境支付、运营服务商等出口产业链已经建立。围绕跨境电商出口的物流、支付、通关、检疫检验、金融、平台运营等服务模式不断创新，各类供应链服务商不断完善，服务商数量集中爆发，增加了第三产业服务业在产业结构中的比重，实现服务业协调发展的产业结构优化升级。在政策推动下出现跨境出口电商 B2B、B2C、C2C、B2B2C、O2O 等多种创新型贸易方式，能够有效缩短外贸流程，加强产业链上各参与主体的协调能力，实现产业间的供求结构动态均衡。

2）新一代信息技术赋能跨境电商产业链推动外贸产业转型升级。跨境电商依托大数据、云计算、互（物）联网、区块链、5G、人工智能等新一代信息技术赋能全产业链。一方面，通过知识图谱结合多种数据源等数字技术为生产、研发、设计、营销、售后等环节提供更精准的用户需求分析，促进外贸制造业产品创新迭代、提高生产效率。另一方面，借助大数据、物联网等数字技术可以使处于不同国家供应链上的采购商、供应商等更易于线上沟通、交易和支付，实现产、供、销全程可控，创新供应链服务，通过整合价值链环节，促进产业链重构，实现低附加值产业向高附加值产业转型，低端产业向高端产业升级，帮助企业嵌入全球产业链，推动外贸产业转型升级。

3）重塑跨境电商产业价值链，扩大利益分配格局。跨境电商产业链价值分配体现在国内、国际两个层面：在国内价值链上，跨境电商产业链围绕跨境电商产生的产业集群不仅升级了传统贸易方式，更是降低外贸门槛，让更多的中小外贸生产制造商、供应商企业或个人可以通过跨境电商从事外贸生产，增加外贸收入。围绕跨境电商交易的产业链物流、支付、金融、通关等服务商规模不断集聚壮大，创造更多的就业岗位，扩大了社会收入分配的覆盖范围。在国际价值链上，数字贸易的发展推动数字产品潜入全球价值链，改变了价值分工模式和价值链收入分配格局。跨境电商贸易方式和贸易对象的数字化，将数字产品和技术作为一种中间产品逐渐潜入全球价值链，带动企业从事利润更高、技术性更先进、资本更密集的生产活动，使得跨境电商产业链参与主体能够参与全球的价值分工与利益分配。由于产品生产价值链增加值利润多集中在上游和下游，我国生产商、供应商通过跨境电商平台可以直接对接海外零售终端客户，通过互联网推广自己的品牌，参与价值链的前端销售环节，不仅能够提高生产利润、销售利润，而且能够提高个性化定制、品牌溢价带来的增值利润，强化在全球价值链中的控制权，扩大全球价值利益分配格局。

（2）进口服务贸易创新推动进口产业链升级。跨境电商进口试点、跨境电子商务综合试验区、自贸试验区等通过培育进口贸易促进创新示范区，综合利用提高便利化水平、创新贸易模式、提升公共服务等多种手段，推动进口领域监管制度、商业模式、配套服务等多方面创新，推动围绕跨境零售进口交易的海关、物流、支付、检疫检验等跨境电商进口供应链服务商不断创新，产业链规模不断发展壮大，跨境电商进口产业链不断升级。2020 年跨境电商零售进口试点扩大至所有自贸试验区、跨境电商综试区、综合保税区、进口贸易促进创新示范区、保税物流中心（B型）所在城市（及区域）、跨境零售进口试点相关城市（区域）经所在地海关确认符合监管要求后，即可按照商务部等部委《关于完善跨境电子商务零售进口监管有关工作的通知》（商财发〔2018〕486 号）要求，开展网购保税进口（海关监管方式代码1210）业务。不断扩大跨境零售进口业务覆盖面，进一步推动跨境电商进口产业链升级。跨境电商充分统筹国内、国际两个市场、两种资源，在稳定出口的同时，主动扩大进口，促进国内供给体系质量提升，满足人民群众消费升级需求，实现优进优出，促进对外贸易平衡发展。

1）加快推进跨境零售进口试点覆盖范围，加快出台跨境电商零售进口过渡期后监管具体方案，统筹调整跨境电商零售进口正面清单。加快复制推广跨境电子商务综合试验区成熟经验做法，扩大试点范围，在跨境零售进口试点区域内探索深化体制机制改革经验，营造创新发展环境，以制度、模式、业态、服务创新提高贸易便利化水平，以扩大进口增强对外贸易持续发展动力。充分发挥进口对提升消费、调整结构、发展经济、扩大开放的重要作用，推动进口与出口平衡发展。

2）优化进口结构，进一步完善跨境零售进口监管模式。为适应消费升级和供给提质需要，支持与人民生活密切相关的日用消费品、医药和康复、养老护理等设备进口。2021年出台《关于同意在河南省开展跨境电子商务零售进口药品试点的批复》，通过跨境电商进口监管试点工作推进跨境电商平台进口药品监管，目前13个非处方药品种已经取得我国境内上市许可。进一步落实降低部分商品进口税率措施，2020年，海关总署《关于跨境电子商务零售进口商品退货有关监管事宜的公告》，进一步优化跨境电商零售进口商品退货监管，减少中间流通环节，清理不合理加价，推动跨境电商健康快速发展。

（3）优化消费结构促进消费升级。消费升级是构建完整的需求体系、推进国内国际双循环重要的驱动力。跨境电商作为一种新型的消费业态能够帮助海外高端消费回流国内，对于优化消费结构、提升消费层次、助力消费升级具有重要作用。跨境电商零售进口产业链不断完善，跨境进口平台功能不断升级，跨境零售进口消费品品类不断丰富，通过跨境电商平台进口享受型和发展型消费支出比重进一步增加，推动我国消费结构不断优化。伴随跨境电商产业链的不断完善，跨境电商零售进口保税、海外直邮、O2O线上线下相结合等多种进口服务模式不断创新，能够满足消费者对海外中高端消费品的个性化需求，提升跨境进口消费体验，有助于从简单的商品消费升级为多元化的体验型消费，通过跨境电商平台引进国外消费业态推动我国不断释放新的消费潜力，进而促进我国消费升级，推动国内大循环。

2. 跨境电商全产业链升级赋能国际外循环政策效应

在面临外部市场环境不稳定和不确定的情况下，跨境电商凭借贸易模式、平台功能、信息技术等优势，能够有效降低贸易成本，扩大进出口贸易边界，赋能国际外循环促进国内外供给端、需求端动态平衡，推动国内国际双循环发展。在全球经济下行背景下，我国作为全球最大的消费品市场，跨境电商进口连接国内需求端、国外供给端，能够内向集成海外优质商品资源和要素资源，推动国内消费升级，促进我国深度融入全球要素分工体系。我国作为全球最大的世界工厂，跨境电商出口连接国内供给端、国外需求端，能够外向整合全球商品市场和要素市场，推动国内产业升级，促进我国深度融入全球产业分工体系。

（1）跨境电商出口促进我国深度融入全球产业分工体系。跨境电商出口实质上是商品跨越国界的一种市场交换，国内的产业分工向全球产业分工的延伸。外贸的内涵随着国际社会分工形态的演变而变化，跨境电商区分于传统贸易的主要特点是，基于互联网平台的外贸能够有效缩短贸易链条，重塑产业分工模式。在传统国际分工形态下，各国参与社会分工的边界是"最终产品"，这些"最终产品"在出口国内部完成整个生产过程后被交换至国外市场并被直接用于消费。跨境电商国际分工模式下最终产品的生产不是由一个国家单独完成，而是被切割成若干个中间产品价值增值的环节，各国根据自己的资源禀赋优势，完成产业分工上自己最有价值优势的环节。让各国从简单的最终产品生产者变成最终产品生产参与者，完善了全球产业分工体系。我国跨境电商飞速发展，加促我国打破以"最终产品"为边界的分工形态，充分整合我国优势资源禀赋，深度融入全球产业分工体系。

1）加快推进跨境电商 B2B 出口。2015 年从首个中国（杭州）跨境电子商务综合试验区开始，逐步完成对跨境电商 B2B 出口业务模式的探索。2017 年，跨境电子商务综合试验区已经推广到广州、青岛、大连等全国 13 个城市。据商务部统计，2017 年上半年，13 个跨境电子商务综合试验区进出口规模超过 1000 亿元，同比增长了 1 倍以上。其中，B2B 占比达到了六成，跨境电商进出口已经成为我国外贸发展新的增长点。2018 年，国务院批复在北京等 22 个城市设立跨境电子商务综合试验区，以供给侧结构性改革为主线，以推动形成全面开放新格局为目标，复制推广前两批综合试验区的成熟经验做法，因地制宜，突出本地特色和优势，着力在跨境电商企业对企业（B2B）方式相关环节的技术标准、业务流程、监管模式和信息化建设等方面先行先试，为推动全国跨境电商健康发展探索新经验、新做法。2019 年，国务院在石家庄等 24 个城市批复设立跨境电子商务综合试验区，复制推广前三批综合试验区的成熟经验做法，对跨境电商零售出口试行增值税、消费税免税等相关政策，积极开展探索创新，推动产业转型升级，开展品牌建设，推动国际贸易自由化、便利化和业态创新，为推动全国跨境电商健康发展探索新经验、新做法，推进贸易高质量发展。2020 年，李克强主持召开的国务院常务会议决定在已设立 59 个跨境电子商务综合试验区基础上，新设 46 个跨境电子商务综合试验区。推广促进跨境电商发展的有效做法，同时实行对综合试验区内跨境电商零售出口货物按规定免征增值税和消费税、企业所得税核定征收等支持政策。

　　2）通过跨境电商平台推动品牌出海。生产要素的跨境流动存在着两种基本方向：一是将外国企业"引进来"，将国外优质要素资源与国内优势资源相结合，共同参与全球产业分工体系；二是通过引导本国企业"走出去"，与出口国优势要素相结合。当外国企业"引进来"与国内优势要素相结合，参与产品生产链中的某一环节后再出口时，外贸数据留在了中国，而实质价值利益分配却属于外国企业。相反，如果中国企业"走出去"与东道国优势要素相结合，共同参与全球产品生产分工，外贸数据虽然不属于中国，但全球价值利益却有益于中国企业。在外向型经济发展时期，我国外贸"引进来"占据了主导地位，我国常以"被整合者"身份被动地融入全球生产分工体系，失去了对全球价值链的掌控力。在新一轮高水平对外开放建设中，中国需要利用跨境电商新型贸易方式扭转这一局面，主动地"走出去"，以"整合者"身份主动融入全球产业分工体系，提升全球产业价值分配地位。经过前期跨境电商野蛮增长阶段，我国跨境电商平台从提供产品展示、交易服务逐步向外贸综合服务转变。帮助外贸从库存倾销到产品品牌化，从各自为战到全产业链资源整合，在双循环新发展格局形成阶段我国跨境电商政策引导我国扩大海外销售渠道、提升企业品牌竞争力，帮助更多的中小企业实现品牌出海。

3）跨境电商数据、技术等要素资源禀赋优势提升全球产业分工地位。在外向型经济形成发展过程中，我国以制造业参与国际分工为主，在双循环新发展格局下，全球贸易中服务业贸易比重逐渐加大，由制造业领域向服务业领域拓展也是全球产业价值链深化发展的重要趋势之一。在此背景下，通过跨境电商融入服务业全球化和碎片化的国际分工体系将是中国新一轮开放型经济建设的重点方向和重要任务。以跨境电商为代表的新型数字贸易方式，使得数字平台成为新的全球贸易市场，以数据流为连接纽带，驱动全球产业分工深刻变革。跨境电商新技术应用推动全球产业分工不断深化与细化，生产与消费之间的贸易流程被不断压缩，在研发环节通过线上平台突破传统研发对地理空间和时间边界的限制，实现国内多类型的研发主体参与全球范围内、24小时不间断的持续型研发分工。跨境电商平台打破了参与主体壁垒通过技术、数据赋能使得产品贸易便利化，使得更多的中小企业可以参与全球中间产品的制造与出口，参与全球产业分工体系。同时，跨境电商平台数据赋能提升了我国企业在全球产业分工的参与度和控制力。跨境电商平台消费量、产品形态构成、生产布局等大规模数据的生成、传输和处理已经成为重要的生产要素，与各相关主体建立紧密数据联系形成基于数据的生产制造和服务创新，促使数字产品有效地嵌入产业链各个环节，进而提升在全球产业分工中的参与度和控制力。

（2）跨境电商进口促使我国深度融入全球要素分工体系。2016年4月8日，中国跨境电商零售进口税收新政正式实施，同时发布的还有《跨境电子商务零售进口商品清单》。2016年4月15日发布的第二批正面清单虽然对所列商品进行了扩容，但是新政对于一些热门商品所提出的通关要求依然让很多企业措手不及，使得海外直邮的税收压力增大，造成一些货物缺货严重。跨境电商保税进口和直邮进口模式下，压低进口限额的新政一出，两块业务均会受影响，地方政府投资的保税仓也面临困境。为解决这些问题，多部委和海关总署决定暂缓执行新的监管政策，直到2017年5月11日。而2016年11月，经国家有关部门同意，这一过渡期进一步延长至2017年底。2017年9月20日，国务院总理李克强主持召开国务院常务会议，要求新建跨境电商综合试验区，将跨境电商监管过渡期政策延长1年至2018年底。跨境电商监管过渡期再次延长1年，显现出了政府对处于探索期的跨境电商行业的重视和保护，自过渡期实施以来，跨境电商零售进口平稳发展，对于引导企业积极适应规范的监管要求、地方不断创新监管服务等发挥了重要作用。

1）跨境零售进口政策体系不断完善。2018年11月，商务部等6部门出台跨境电商零售进口监管政策，在北京等37个城市试点运行，2020 年进一步扩大至 86 个城市及海南全岛。2021 年 3 月 18 日，商务部、国家发展改革委、财政部、海关总署、税务总局、市场监管总局 6 部门联合印发《关于扩大跨境电商零售进口试点、严格落实监管要求的通知》，将跨境电商零售进口试点范围扩大至所有自贸试验区、跨境电商综合试验区、综合保税区、进口贸易促进创新示范区、保税物流中心（B 型）所在城市（及区域），进一步扩大跨境电商零售进口试点覆盖的范围，促进跨境电商零售进口政策进一步落地实施。自政策出台以来，各部门认真履职尽责，完善政策体系，各地方切实担负主体责任，健全工作机制，推动试点落地见效。经过几年的试点探索，跨境电商零售进口政策体系不断完善，在丰富国内市场供给、带动相关行业发展、更好满足人民美好生活需要等方面取得积极成效。政策制定主体相关部门密切关注跨境电商零售进口发展，积极加强业务交流指导，支持试点城市开展业务，充分发挥跨境电商零售进口积极作用，带动扩大优质商品进口，更好服务构建以国内大循环为主体、国内国际双循环相互促进的新发展格局。

2）创新要素投入，加快全球要素流动。跨境电商零售进口顺应商业变革和消费升级趋势，运用大数据、云计算、移动互联网等现代信息技术形成更多流通新平台、新业态、新模式。在当前经济形态下除劳动力、资本、技术要素外，数据已经成为一种新型生产要素，跨境电商引导电商平台以数据赋能生产企业，促进个性化设计和柔性化生产，培育定制消费、智能消费、信息消费、时尚消费等新型消费模式，为促进生产要素在全球范围内快速流通创造良好的政策环境。在数字成为一种新型生产要素背景下，我国积极推动数字领域国际合作，深化共建"一带一路"国家电子商务合作，积极发展"丝路电商"，推动各国中小企业参与全球贸易,支持数字要素产业链全球布局,促进全球电子商务供应链一体化发展。加快电子商务技术、平台、供应链及配套服务的国际合作步伐,推动电商经验分享及人才合作,积极开展多层次国际交流活动。促进数字经济领域贸易投资,落实《数字经济对外投资合作工作指引》,鼓励电商企业积极参与东道国数字惠民、数字金融、数字治理等民生项目,帮助发展中国家缩小数字鸿沟。建立开放共享、普惠高效、安全可靠、环境友好的全球电商数据要素发展流通格局。

3) 优化全球要素资源配置,深度融入全球要素分工体系。跨境电商进口连接我国拥有 14 亿人口的超大规模消费市场,扩大进口不仅能够用中国强大的内需市场为全球提供更多出口的机会,更重要的是依托本土庞大的市场规模优势,优化全球要素资源配置,促进我国进一步深度融入全球要素分工体系。伴随技术进步和分工演进,各国从最终产品参与国际分工演化为优势要素参与国际分工,进口贸易的内涵和作用实际上是充分利用本国优势的要素资源禀赋融入全球要素分工体系。跨境电商进口能够通过平台将国外最新的消费品吸引至国内市场,伴随全球最终消费品从国外流向国内市场,可以充分利用整合国内、国际两种资源,依托我国的数据、劳动力、技术、资本等优势资源要素与国外要素实现分工协作。在当前贸易环境下,企业可以利用不同地区的优势要素在全球范围内构建生产、销售网络,我国巨大的消费市场规模对国外高端要素产生虹吸机制,跨境企业需要充分考虑我国内需潜力将优势生产要素向我国市场倾斜,在全球价值链上进行有效的生产布局促进我国在全球要素分工地位的提升,推动国内需求侧牵引供给侧高质量发展,进而推动国内、国际经济循环发展。

第六章
跨境电商促进双循环发展政策协同效应分析

一、跨境电商政策环境分析

（一）法律环境

2019 年 1 月 1 日开始实施的《电子商务法》对我国跨境电商的发展起到了直接的促进作用。该法从经营主体、责任划分、纳税和维权等角度对跨境电商做了明确的说明。首先，明确要求包括一些从事海淘、代购的进口商等经营主体要到有关机构进行登记，这规范了许多原本不需要办理任何手续就可以从事交易的经营主体。其次，跨境电商平台要对其商户负责，如果平台经营者销售的商品或服务存在问题，且平台负责人在知情的情况下仍未采取管控措施，平台要与经营者承担连带责任。再次，跨境电商经营主体应当依法纳税，享受国家税收优惠。最后，强调维护消费者的合法权利，对海外进出口产品进行审核并对其专利权进行保护。该法的实施对跨境电商领域的发展具有重要的理论和现实意义，在一定程度上解决了部分消费者和政府关注的瓶颈问题。表 6-1 筛选了《电子商务法》中涉及跨境电商的部分内容。

表 6-1 《电子商务法》中涉及跨境电商的内容

条目	内容
第 71 条	国家促进跨境电子商务发展，建立健全适应跨境电子商务特点的海关、税收、进出境检验检疫、支付结算等管理制度，提高跨境电子商务各环节便利化水平，支持跨境电子商务平台经营者等为跨境电商提供仓储物流、报关、报检等服务 国家支持小型微型企业从事跨境电子商务
第 72 条	国家进出口管理部门应当推进跨境电子商务海关申报、纳税、检验检疫等环节的综合服务和监管体系建设，优化监管流程，推动实现信息共享、监管互认、执法互助，提高跨境电子商务服务和监管效率。跨境电子商务经营者可以凭电子单证向国家进出口管理部门办理有关手续
第 73 条	国家推动建立与不同国家、地区之间跨境电子商务的交流合作，参与电子商务国际规则的制定，促进电子签名、电子身份等国际互认 国家推动建立与不同国家、地区之间的跨境电子商务争议解决机制

（二）政府环境

跨境电商作为对外贸易新的形式和重要增长极，历来受到党和政府等国家层面的高度重视。自 2012 年国家开始谋划发展跨境电商以来，国务院陆续出台了一系列相关支持政策，为跨境电商的发展提供了政策保障和法律保障。2014 年，跨境零售进口监管政策的完善，催生我国围绕跨境电商海关、支付、物流、检疫检验等环节的政策体系不断完善。国家通过跨境电子商务进口试点城市和跨境电子商务综合试验区建设推动跨境电商进出口各项政策的制定和实施。此外，在 2014～2016 年、2019～2020 年先后 5年的《政府工作报告》中对跨境电商工作做出明确部署，要求不断完善跨境电商的支持政策体系，切实促进跨境电商的发展。这些都体现了国家对跨境电商的支持，以及近年来跨境电商在对外贸易发展中的重要地位。

国家在政策层面上支持跨境电商发展的同时，提出了中国跨境电商发展的四大基本原则，分别是鼓励创新和公平竞争原则，坚持发展与规范并行原则，坚持先试先行、循序推进原则，把促进产业发展作为重点并主攻 B2B 方向原则（见表6-2）。2018 年国务院常务会议决定中国发展跨境电商在"十三五"时期乃至未来很长一段时间里将坚持这四大原则。

表6-2　国务院对跨境电商发展的四大原则

原则	内容	内涵
鼓励创新和公平竞争	相关制度设计和创新都不能建立在税负不公平的基础上，更不能人为地向不公平的竞争模式提供监管便利	要在贸易方式和地区之间创造公平环境，特别在税收政策、通关监管流程等领域
坚持发展与规范并行	先把产业发展壮大，再逐步规范。发展和规范都是目标，相辅相成，但规范要为发展服务	鼓励行业先做大，对于税收、监管等不规范的情况可持包容态度，后续不断规范
坚持先试先行、循序推进	鼓励先行先试，让各地、各类企业的发展有目标、有方向。通过制度创新、管理创新和服务创新，逐步积累可复制、可推广的经验	鼓励通过开展跨境电商综合试验区、税收政策、通关政策等相关试点工作探索适合行业规范、健康发展的政策体系
把促进产业发展作为重点并主攻 B2B 方向	坚持进出口并重，出口为主，更好地推动外贸稳定增长和转型升级。国家允许 B2C 适度发展，但并非重点鼓励方向	引导地方和企业不要局限在进口业务特别是 B2C 进口上，而要以大力发展出口业务为主，并且在 B2B 业务方面做大做强

跨境电商在发展过程中既需要国家层面的政策支持，又需要各部门具体政策的部署和要求。在实际运营过程中，不同跨境企业对具体政策有着不同的需求，具体来讲体现于税收政策、海关监管政策、国家试点政策等规范性政策，还有资金补贴、收付汇

等支持性政策。其中跨境电商的税收政策主要包括零售进口政策和零售退免税政策，相关政策在不断完善中。跨境电商的海关监督政策主要指海关在 2014 年单独设立的"9610"和"1210"监管代码以及对应的监管方式。跨境电商的国家试点政策主要指国家自 2015 年分 5 批设立的 105 个国家级跨境电子商务综合试验区，按照先试先行的原则，逐步总结这些综合试验区的发展经验，并将其在全国范围内进行复制。

（三）经济环境

当前跨境电商已经成为带动我国外贸发展不可或缺的主要力量之一。近年来，随着俄罗斯、巴西、印度等新兴国家电商行业的蓬勃发展，扩大了我国跨境电商出口海外需求市场，海外消费者对中国制造青睐有加，海外市场网购规模不断扩大，在新冠肺炎疫情使全球经济受冲击的背景下，网购需求逆势上扬，为跨境电商出口创造了良好的经济环境。中国跨境电商发展目前仍以出口为主、进口为辅。国家不断推进实施"互联网+外贸"战略，立足跨境电商发展，扶持传统外贸企业借助互联网渠道实现转型升级，跨境电商一直保持快速增长。随着"一带一路"倡议的实施和全球经济贸易一体化加深，跨境电商作为依附于互联网发展的新型贸易方式在未来仍然将占据更加重要的地位，有着巨大的市场潜力和生命力。

我国依托 14 亿广阔的市场背景和中产阶级崛起内需潜力，不断增长的国内市场需求为跨境电商进口创造了良好的经济环境。伴随国内海淘用户迅速增长，消费者对海外商品认知程度提高、消费观念升级、需求多样化等驱动因素促使我国跨境进口电商市场规模逐步扩大，2014 年以来，由于跨境进口海关监管、税收等政策红利，跨境进口电商行业呈现爆发式增长。2017年，跨境进口电商交易规模达到15000亿元，同比增长25%，2020年，我国跨境电商进出口1.69万亿元，增长31.1%，其中我国跨境进口电商交易规模占中国进出口总额的37.6%，进口0.57万亿元，增长16.5%。跨境进口电商市场规模不断增长说明，我国强大的内需环境成为全球经济复苏重要的发力点，国内不断增长的经济体量和不断升级的消费需求为跨境电商发展提供了良好的经济环境。

（四）国外政策环境

跨境电商在发展过程中同时受到国内外政策的影响，国际政策差异化为跨境电商带来新机遇和新挑战。很多国家都为跨境电商发展提供了很好的政策环境。就跨境电商的政策环境而言，国外政策主要包括国际政策规则和各个经济体政策规则两个层面。在国际规则方面，跨境电商规则以世界海关组织（WCO）、经济合作与发展组织（OECD）制定为主。此外，世界贸易组织（WTO）、世界银行（WB）等对跨境电商规则进行了深入的研究和探讨。在各个经济体政策规则方面，欧美等发达国家在监管体系层面相对于中国更为完善，这些国家大多通过货值大小区分监管。例如，欧盟对个人150欧元以下的境外邮购商品免税，其税基是商品价值和增值税之和，增值税按20%征收，并由购买者缴纳；美国海关更加关注贸易安全和知识产权领域的风险。下文整理了美国、欧盟、日本在支付、知识产权和税收方面的监管规则。

1. 美国跨境电商政策

美国海关实现了与多国邮政的数据互联互享及协助，提升了跨境电商的进出关速度。美国从1996年开始实行电商国内交易零税收和国际交易零关税政策。1998年，美国国会通过《互联网免税法案》，规定 3 年内禁止对电商课征新税、多重课税或税收歧视，2001 年国会决议延长了该法案的时间。直到 2004 年，美国各州才开始对电商实行部分征税政策。2013 年 5 月 6 日，美国通过了关于征收电商销售税的法案——《市场公平法案》，仍然沿用对无形商品网络交易免征关税的制度。对入境包裹关税起征点为 200 美元，其综合关税由关税和清关杂税构成（见表 6-3）。

表 6-3　美国跨境电商的监管规则

监管类型	内容
支付	一是将第三方支付机构界定为货币服务机构，必须进行登记注册；二是对第三方支付平台实行功能性监管，监管重点在交易过程，而不是从事第三方支付的机构；三是采用立体监管体制，对支付服务的监管与约束来自联邦与州两个层面；四是通过美国联邦存款保险公司进行监管；五是将现有法规作为监管依据，而没有专门制定配套的法律法规；六是第三方支付机构需接受联邦和州两级反洗钱监管，保存所有交易记录等
知识产权	知识产权保护属于监管内容，并且尤为严格
税收	在全球最先实现线上免税，并提出各国对网上交易免关税的主张。1997 年美国与欧盟共同发表宣言，承诺建立《无关税电子空间》。1998 年，美国国会通过《互联网免税法案》，明确"信息不应该被课税"，2014 年，美国国会通过"永久性互联网免税法"，提出网上交易最新的税收监管优惠

2. 欧盟跨境电商政策

作为世界经济领域中最有力的国际组织，欧盟在电商领域的发展一直处于世界领先水平。欧盟要求所有非欧盟国家数字化商品的供应商要在至少一个欧盟国家进行增值税登记，并就其提供给欧盟成员国消费者的服务缴纳增值税。其中，德国对来自欧盟和非欧盟国家的入境邮包、快件执行不同的征税标准。除药品、武器弹药等限制入境外，对欧盟内部大部分包裹进入德国境内免除进口关税。对来自欧盟以外国家的跨境电商商品，价值在 22 欧元以下的，免征进口增值税；价值在 22 欧元及以上的，一律征收 19% 的进口增值税。商品价值在 150 欧元以下的，免征关税；商品价值在 150 欧元及以上的，按照商品在海关关税目录中的税率征收关税。

在电商税收问题上，欧盟委员会在 1997 年 4 月发表了《欧洲电子商务动议》，认为修改现行税收法律和原则比开征新税和附加税更有实际意义。1997 年 7 月，在 20 多个国家参加的欧洲电信部长级会议上通过了支持电商的宣言——《伯恩部长级会议宣言》。该宣言主张，官方应当尽量减少不必要的限制，帮助民间企业自主发展以促进互联网商业竞争，扩大互联网的商业应用。这些文件初步阐明了欧盟为电商发展创建清晰与中性的税收环境的基本政策原则。1998 年，欧盟开始对电商征收增值税，对提供网上销售和服务的供应商征收营业税。1999 年，欧盟委员会公布网上交易的税收准则：不开征新税和附加税，努力使现行税特别是增值税更适应电商的发展。为此，欧盟加紧对增值税的改革。2000 年 6 月，欧盟委员会通过法案，规定对通过互联网提供软件、音乐、录像等数字产品应视为提供服务而不是销售商品，和目前的服务行业一样征收增值税。在增值税的管辖权方面，欧盟对提供数字化服务实行在消费地课征增值税的办法，也就是由作为消费者的企业在其所在国登记、申报并缴纳增值税。只有在供应商与消费者处于同一税收管辖权下时，才对供应商征收增值税。这可以有效防止企业在不征增值税的国家设立机构以避免缴税，从而堵塞征管漏洞。2003 年 7 月 1 日起施行的电子商务增值税新指令将电商纳入增值税征收范畴，包括网站提供、网站代管、软件下载更新以及其他内容的服务。增值税征收以商品的生产地或劳务的提供地作为判定来源地，并且对于电商收入来源于欧盟成员国的非欧盟企业，如果在欧盟境内未设立常设机构的，应在至少一个欧盟成员国注册登记，最终由注册国向来源国进行税款的移交。2002 年 8 月，英国《电子商务法》正式生效，明确规定所有在线销售商品都需缴纳增值税，税率分为三等——标准税率（17.5%）、优惠税率（5%）和零税率（0%）。

3. 日本跨境电商政策

日本邮政针对从事海外销售的客户提供"综合货运支持"，以支持跨境电商创新型重点项目发展。1998 年，日本公布电商活动基本指导方针：在税收方面强调公平、税收中性及税制简化原则，避免双重征税和逃税。日本《特商取引法》规定，网络经营的收入需要缴税。但如果网店的经营是以自己家为单位的，那么家庭的很多开支就可以计入企业经营成本。在这种情况下，如果一年经营收入不足 100 万日元，是不足以应付家庭开支的，就可以不用缴税。据统计，日本年收益高于 100 万日元的店主大都会自觉地报税。

二、跨境电商政策协同效应分析

（一）跨境电商政策协同传导机理

政策的制定与实施一般可以分为五个过程：一是政策分析阶段；二是政策制定阶段；三是政策影响阶段；四是市场反馈阶段；五是政策调整阶段（见表 6-4）。各个阶段环环相扣，形成一个动态调整的循环。在双循环新发展格局下，我国跨境电商政策的形成过程可以按照这 5 个阶段进行协同性分析，以更好地服务于我国经济高质量发展的客观需求。

表 6-4　中国跨境电商政策的形成过程

阶段	内容
政策分析阶段	根据行业发展需求和调研反馈，分析政策出台的背景和条件是否成熟
政策制定阶段	由各行业向政府提出政策需求，得到政府认可，并出台具体政策
政策影响阶段	政策出台后，分析对行业产生的作用和影响，并对影响因素做量化分析
市场反馈阶段	市场对政策运行提出反馈意见，尤其是不足之处，汇总和分析不同意见，达成一致意见
政策调整阶段	政府对政策进行修订和完善，并向行业作出解释和说明，进入下一个动态循环过程

　　基于我国跨境电商发展的实际需求，跨境电商政策出台后，政策发挥既定目标的过程被称为政策的传导。政策传导机制可以认为是政府制定政策后，政策的实施对象采取某种策略性行为，政府需要对这种行为进行预判，它将直接影响政策的实施效果。可以将这一传导过程通过图 6-1 进行概述。

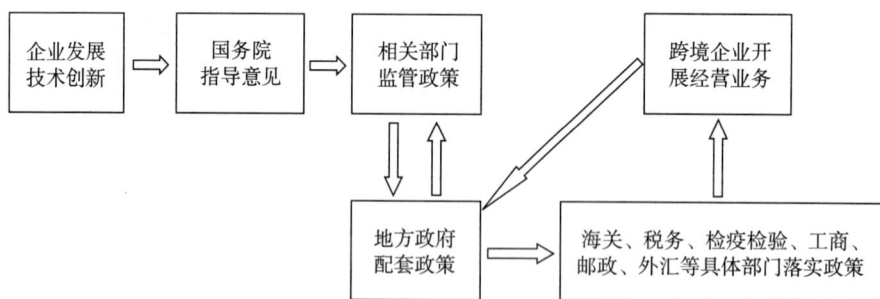

图 6-1　我国跨境电商政策主要传导过程

　　研究双循环背景下的跨境电商政策效应影响机理，主要是针对政策作用、政策内容体系、政策效果和具体政策措施展开。因此，一方面可以从收入、成本、效率、核心竞争力提升、服务模式选择等角度来研究，另一方面可以从国家、国务院部门、地方出台政策的层面去分析。

跨境电商政策对利润的影响表现在：一是扩大企业营收，如通过产业合作政策、直接投资补贴等促进性政策手段扩大企业营收，增加企业利润；二是降低企业成本，如通过所得税减免、物流补贴、出口退税、人才引进等优惠性政策手段降低企业成本，提高企业利润。

跨境电商政策对效率的影响表现在：一是提高通关效率，通过简化前置备案、信息申报、海关验收流程、推进单一窗口等手段提高通关效率；二是提高税收效率，通过缩短退税流程、简化缴税申报手续等措施提高退缴税等税收效率；三是提高企业经营效率，通过减少贷款手续、完善纠纷处理体系等措施提高企业经营效率。

通过对跨境电商政策整理分析，可以把相关政策划分为三类：一是可以促进经营与技术创新的相关政策，包括增加收入、降低成本、提高通关效率等，以及涉及税收、外汇、资金、通关等。这一类型的传导机制可以通过图 6-2 表示。

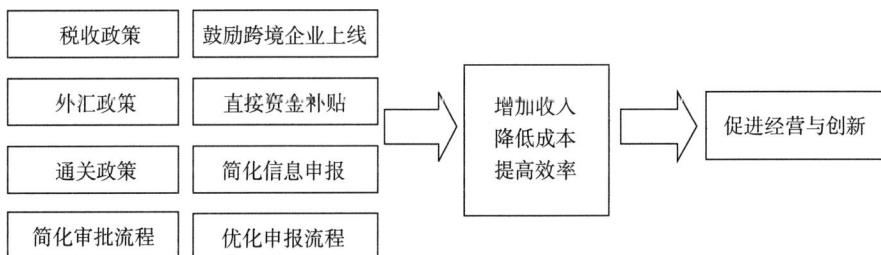

图 6-2　促进经营政策的传导机制

二是可以优化跨境电商经营环境的政策，包括保护知识产权、反市场垄断、创新发展、开展试点、产业集聚、积极改革等具体政策。这一类型的传导机制可以通过图 6-3 表示。

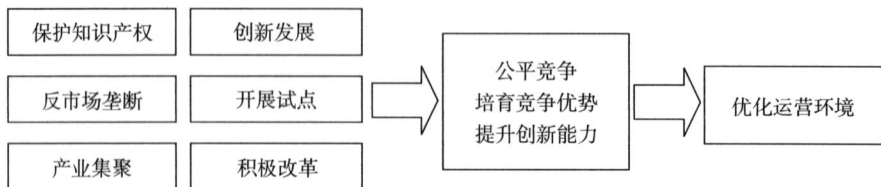

图 6-3　优化运营环境政策的传导机制

三是可以提升产业软实力的政策，包括产业合作、成立行业协会、举办跨境电商大会、发布跨境电商产业指数、"一带一路"倡议与合作、扩大开放等具体政策。这一类型的传导机制可以通过图 6-4 表示。

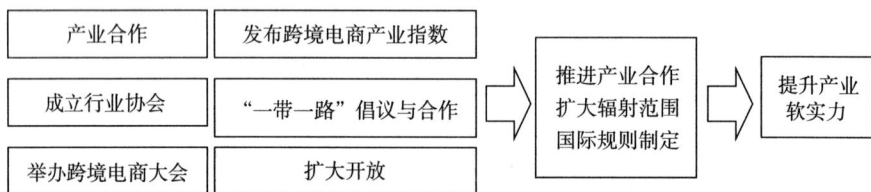

图 6-4　提升产业软实力政策的传导机制

（二）跨境电商政策协同效应分析

1. 跨境进口电商政策协同效应

（1）在政策红利下，跨境进口电商规模迅速发展壮大。近年来，随着跨境进口电商各项利好政策的颁布实施、国内消费者对跨境进口电商认知的普及与深入，进口电商规模呈迅速扩大的态势。从 2014 年跨境进口电商海关个人物品监管征收个人行邮税，到 2016 年（消费税+增值税）×70% 的新税政策实施，跨境进口平台迅速崛起逐渐成为主流的跨境网购进口渠道。2017 年 11 月 22 日，国务院关税税则委员会发布《关于调整部分消费品进口关税的通知》，决定自 2017 年 12 月 1 日起，以暂定税率方式降低部分消费品进口关税，涵盖食品、保健品、药品、日化用品、衣服鞋帽、家用设备、文化娱乐用品、百货等共涉及 187 个 8 位税号，平均税率由 17.3% 下调到 7.7%。

之前，跨境电商政策红利集中在对出口跨境电商的支持和引导，从 2017 年开始逐步显示出政府对跨境进口电商的重视程度逐渐加大。在政策红利下，我国跨境进口电商的模式从海外代购、海淘升级到跨境电商时代。越来越多的消费者选择在跨境进口平台上购买国外消费品，自营类平台、第三方平台、社区模式平台、垂直类平台等各类跨境进口电商模式的平台不断涌现，逐步形成了保税进口和直邮进口等创新型跨境零售进口模式。直邮进口模式指消费者从跨境进口平台下单后，商品以邮件、快件的方式运输入境。保税进口模式是指平台将国外商品集中采购囤货在国内保税仓海关特殊监管区域，消费者在平台下单后，卖家从国内保税仓发货。在新业态、新模式下，我国跨境进口电商迅速发展，2017 年 9 月 20 日，李克强总理在国务院常务会议中指出，以跨境电商发展为突破口，推动国际贸易自由化、便利化和业态创新，对加快转变外贸发展方式，增强综合竞争力具有重要意义。

（2）国内外巨头加紧跨境进口电商布局。跨境进口电商通过平台把国外商品销售给国内消费者。国内的电商巨头拥有终端流量优势，切入跨境进口电商业务具有天然优势。在国内巨头掘金跨境进口电商的布局中阿里起步最早，2007 年淘宝全球购上线，用户主要是一些中小代购商。2014 年 2 月，阿里巴巴率先抓住政策红利先机，天猫国际正式上线，招商海外各大品牌商入驻天猫国际平台，天猫和海外各大品牌商直接签约，全部商品采取海外直邮方式，并且提供本地退换货服务。京东于 2014 年开始国际化"扬帆远航"战略定位，京东海外购采取海外招商模式，但由于天猫国际抢占先机已经和海外大部分有实力的品牌商、零售商率先签约，京东失去了抢占优质货源的机会，退而通过出让一半股份的方式和沃尔玛合作获得上游货源。网易考拉海购作为网易转战电商市场的成功产品，在 2015 年 4 月上线，采取海外直采、保税区备货模式，主打"百分百自营"在日本、韩国、澳大利亚、欧洲等货源地成立直采团队，将海外优质产品以较低价格运输至国内保税区备货。

中国跨境进口电商的商品供应商来自海外，选择优质的海外供应商不仅能获得较好的货源保证，还能获得较低的采购价格。国外电商企业对中国跨境进口电商市场的切入具有显而易见的优势。2014 年 8 月，亚马逊（中国）公司与中国（上海）自由贸易试验区、上海市信息投资股份有限公司签署谅解合作备忘录，三方在自贸区内开展跨境电商业务，并在自贸区内建立跨境电商平台，同时建立物流仓储中心，采用"直邮进口＋保税进口"模式在中国开展跨境进口电商业务。2011 年，eBay 通过后台数据发现，中国消费者登录 eBay 美国站购买商品的需求同比增长40％，当时，定位于销售奢侈品的走秀网正在往销售时尚品转型，以此作为契机，2012 年，eBay 与走秀网合作开拓中国跨境进口电商市场。除亚马逊、eBay 外，还有很多国外的电商平台开通了直邮中国业务，有些平台不仅推出中文网站、人民币标价、国际物流，还支持支付宝人民币付款，越来越多的国外电商平台抓紧布局中国跨境电商业务。

（3）跨境进口供应链服务商不断完善。随着跨境进口电商平台集中爆发，围绕跨境进口电商交易的物流、支付、金融、供应商等供应链服务商不断涌现，跨境进口电商供应链逐渐完善。国内不少物流企业、支付企业看到跨境进口电商业务巨大的市场前景，纷纷推出相应的海淘转运跨境物流服务、跨境支付服务。例如，韵达快递推出海淘代购网站易购达、递四方推出了海淘城、银联推出了银联在线商城等。

跨境进口电商物流涉及海外转运、海外集货、进口海关、国内派送等环节，需要各环节有效衔接，跨境进口电商平台积极完善物流供应链服务功能，积极布局跨境物流业务。天猫国际以保税进口为主、海外直邮为辅，率先和全国首批 5 个试点城市达成合作，菜鸟物流打通直邮、集货、保税 3 种模式，开通了中美、中德、中澳、中日、中韩 5 条进口专线。京东全球购以"保税进口+海外直邮"模式，跨国干线物流与 DHL 合作，在杭州、广州、宁波等建立保税仓，自建物流仓等入局跨境电商物流业务。

跨境支付作为跨境进口电商供应链的重要环节，发展迅速。在跨境电商支付方式中，第三方支付平台占主流，截至 2017 年 12 月，已经有支付宝、易宝支付、银联电子支付、钱宝等 30 家第三方支付企业获得跨境电商外汇支付业务试点资格。跨境支付需求迅速增长促使国内第三方支付企业抢占境外支付蓝海，向境内卖家提供一站式资金结算解决方案，将彻底解决跨境支付过程中的资金流问题，进一步提升跨境消费者的支付体验。

2. 跨境出口电商政策协同效应

近年来，我国跨境电商出口业务在全球经济不景气的背景下逆势上扬，传统企业纷纷加快向跨境电商企业转型的步伐。2013年8月，国务院办公厅转发商务部等9部委发布《关于实施支持跨境电子商务零售出口有关政策的意见》，为发展跨境电商提供了明确的政策支持，对我国外贸企业转型升级具有重要的政策意义。2013年12月，财政部、国家税务总局发布《关于跨境电子商务零售出口税收政策的通知》，明确了出口跨境电商零售企业享受退（免）税的条件，从而大大降低了企业成本。2014年，海关总署发布"9610"监管代码，全称"跨境贸易电子商务"。2015年5月，国务院发布针对跨境电商行业专项促进政策《关于促进跨境电子商务健康快速发展的指导意见》，2016年，国家批复一批跨境电子商务综合试验区，重点完成对跨境电商B2B出口业务的探索。2020年6月，海关总署发布"75号"文《关于开展跨境电子商务企业对企业出口监管试点的公告》，增列"9710"监管代码，全称"跨境电子商务企业对企业直接出口"，适用于跨境电商B2B直接出口的货物；增列"9810"监管代码，全称"跨境电子商务出口海外仓"，适用于跨境电商出口海外仓货物监管。2021年，海关总署发布"47号"文《关于在全国海关复制推广跨境电子商务企业对企业出口监管试点的公告》，将跨境电商企业对企业出口业务在全国复制推广。

（1）传统外贸企业加快转型升级。我国受到全球经济影响，外贸出口整体放缓，尤其是在最近两年新冠肺炎疫情冲击下，我国外贸出口受到严重影响，传统外贸企业受到严重的打击。在国际市场需求减少、订单减少、外贸企业成本上升、创新研发能力不足等因素推动下，加上近年来汇率波动加剧、资金紧张、贸易风险加大等外部原因，都成为制约外贸企业出口的突出问题。加促外贸转型升级成为我国外贸出口企业生存下去的唯一出路。在国内经济不景气的背景下，相比传统外贸模式，出口跨境电商让国产优势产品直接对接国外消费者，缩短了贸易中间环节，大大减少了商品的流转成本。

大力发展跨境电商有助于在成本和效率层面增强我国外贸出口优势，帮助外贸企业拓展新的市场，提高外贸企业利润率。同时，随着互联网电商渠道的深入渗透，企业和消费者之间建立起了更加便捷、有效的信息交流渠道，企业能够通过互联网平台掌握市场需求，调整产品结构，提升产品品质，树立产品品牌，同时建立电商信用体系，从而增强我国外贸的整体竞争力，这对外贸增长具有重要的作用。2017 年中国跨境电商交易规模为 7.8 万亿元，出口跨境电商交易规模为 6.3 万亿元，跨境电商成为我国外贸新的增长点，得到政府部门的持续关注。国务院总理李克强连续 4 年在政府工作报告中提出，要促进跨境电商等新业态发展。外贸企业应抓住难得的历史机遇，研究利用好政策红利，完成转方向、调结构，增强我国企业的国际竞争力，塑造"中国创造"的新形象，为我国外贸企业转型升级开拓新的通道。

（2）跨境出口产业链日益完善。跨境电商在快速增长的同时，对平台、物流、支付、通关等环节提出了新的要求。随着我国跨境电商发展的政策环境、法律法规、标准体系及支撑保障水平等各方面的完善与提升，根据试点地区的实际情况以及海关等相关部门的统计数据，跨境电商相关配套政策措施不断优化和深化。2013 年 2 月，外汇管理局下发《关于开展支付机构跨境电子商务外汇业务试点的通知》，决定在北京、上海、浙江、深圳、重庆等地开展支付机构跨境电子商务支付业务试点，17 家支付机构获得跨境支付业务试点资格，包括支付宝、财付通、银联电子支付、东方电子支付、快钱等。参加试点的支付机构被允许通过银行为小额电商交易双方提供跨境互联网涉及的外汇资金集中收付及相关结售汇服务，为跨境电商消费者进一步简化跨境支付手续，有助于跨境电商业务顺利开展。

在跨境物流方面，跨境物流体系逐步建立，邮政小包、国际快递、专线物流、海外仓等跨境零售出口、批量出口等物流模式进一步完善。国际快递巨头的全球化网络更加完善，国内快递公司相继布局跨境业务。例如，国内顺丰和"四通一达"，中国邮政速递物流提供 EMS（邮政特快专递）服务。美国申通于 2014 年 3 月上线，圆通于 2014 年 4 月与 CJ 大韩通运展开合作。顺丰的国际化业务更加成熟，已经开通到美国、澳大利亚、韩国、日本、新加坡、马来西亚、泰国、越南等国家的快递服务，发往亚洲国家的快件一般 2~3 天可以送达，顺丰还启动了中国往俄罗斯的跨境 B2C 服务。

（3）跨境电商企业品牌化进程加速。中国制造业亟待从价值链底层向上层发展，利用跨境电商能够有效推动中国制造品牌化转型。跨境电商以数据为依托，能够有效降低成本，提高外贸整个产业链的效率水平。以数据为底层技术基础的跨境电商出口业务是实现传统外贸企业品牌化进程的重要驱动力。基于数据的产品设计和品牌化定位，才能够摆脱传统外贸企业贴牌加工的价值链底层地位，提高企业创新能力和品牌自主化意识。基于数据和完整产业链生态的跨境电商制造业出口在全球价值链地位上的跃升明显，"数据+生态"双轮驱动下跨境电商为出口企业带来新的竞争力，体现在产品设计、市场开拓、精细化营销等各个环节，品牌化出海进程的加速是跨境出口电商在各项利好政策驱动下的必然结果，也是我国外贸转型升级的必然之路。

　　跨境出口电商催生了 B2B、B2C、B2B2C、C2C 等贸易模式创新，贸易链条逐渐缩短，生产商和消费者之间的中间环节逐渐消除，加快了生产商和消费者之间信息交互的效率，消费者需求可以及时通过跨境电商平台传达到生厂商，加快产品迭代升级，提高产品原创性设计，帮助企业建立品牌，提高企业品牌溢出效应。此外，跨境电商出口业务的发展进一步促进了我国服务贸易和信息贸易的发展，随着跨境出口电商的发展，围绕出口交易的服务及与信息产品有关的贸易环节已经从传统贸易中分离出来，以服务贸易、信息贸易的形式存在。我国跨境电商出口平台从提供产品、信息展示平台逐渐升级成外贸综合服务平台，为平台的卖家提供通关、退税、营销、物流、供应链、支付、金融等服务，解决企业外贸出口的后顾之忧，专心做品牌化经营，出口企业的经营战略逐渐从库存倾销调整为品牌打造，帮助企业进一步做大做稳外贸出口。跨境电商平台通过完善仓储、物流、支付、数据等全球电子商务基础设施布局，鼓励电商平台外贸企业全球化品牌化经营。培育跨境电商配套服务企业，支撑全球产业链供应链数字化，带动品牌出海。

三、跨境电商政策体系存在的问题与不足

　　跨境电商政策对于促进我国跨境电商行业发展具有重要的引导作用，对于构建双循环新发展格局具有明显的政策协同效应。

我国跨境电商政策从无到有，建立涵盖海关、税收、支付、检疫检验、物流等完整的政策体系，体现了政府职能部门对于跨境电商发展的重视，尤其在双循环新发展格局的背景下，跨境电商发展对于推动国内产业升级、消费升级促进国内大循环、赋能国际外循环具有重要的意义。政府通过各类扶持、监管政策支持引导跨境电商行业发展，并对发展过程中出现的问题及时给予政策规范，为跨境电商健康快速发展、助力国内国际双循环注入了持续的动力。我国《电子商务法》实施对整个跨境电商产业的发展起到了顶层设计与引导的作用，该法表明我国开始重视跨境电商的发展，奠定了跨境电商健康发展的法律基础。同时，由国务院、相关部委、地方政府构成的三级政策体系实现了自上而下的授权与管理，保障跨境电商政策能够顺利实施的同时细化了具体规则与条款，对《电子商务法》中没有涉及的内容做了相应的补充与完善，初步建立了较为完善的跨境电商政策体系。

根据这些年我国跨境电商发展的成绩来看，这些政策确实促进了我国跨境电商产业的快速发展，在规范产业发展和企业行为、鼓励跨境企业技术和模式创新、营造企业运营环境方面起到了非常良好的促进效果。各个相关部门在不同环节形成有效配合和衔接，在支持跨境电商尤其是跨境综合试验区的建设方面积累非常丰富可行的经验，有助于在不同区域不同国家的推广复制。我国各级政府出台的跨境电商相关政策在传导机制上基本实现畅通。从国务院制定宏观框架为起点和依据，到相关部委制定具体的政策来推动落实，再到各级地方政府出台配套措施并实际执行，将执行结果及时反馈至政策制定部门进行完善和修订，这一政策传导流程基本上反映了我国政策推行的实现路径，在这一过程中各级政府在跨境电商政策体系上实现了有效协同，卓有成效。这种自上而下的政策传导和反馈意见的及时传递使得我国现行的跨境电商政策在保证快速落地的同时使政策的制定更加符合新常态下我国经济高质量发展的实际需求。但是我们也应该看到，由于跨境电商行业发展时间较短，与之相应，政策制定与实施的周期也较短，跨境电商政策总体数量存在不足，在跨境电商促进双循环发展过程中表现出滞后性、发展不平衡、缺乏协调性等问题。

（一）跨境电子商务政策制定存在滞后性

我国跨境电商行业起步于 20 世纪末 21 世纪初，从起步发展到现在，各方面政策的制定和实施存在一定的滞后性，尤其是随着我国双循环新发展格局战略的实施，围绕跨境电商支持双循环发展的相关政策还没有制定。跨境电商行业作为一种新型的贸易形式，对扩大海外市场，促进国内产业升级、消费升级具有重要作用，但是现有的政策体系、政策法规、环境与跨境电商行业发展的需求相脱节，通常是行业自发性发展，出现问题后再颁布实施调整性的政策。跨境电商政策的进一步完善应该通盘考虑双循环发展的需求，做好事先规划引导，避免政策颁布时间、颁布主体、实施对象等的重复，提高政策实施的效率。

根据已有发展经验，我国跨境电商企业受政策影响较大，相关部门出台的政策往往受到市场和企业的积极响应，但国家在整个行业发展软环境上的推动作用则不太明显，相关政策没有提供强有力的持续输出，缺少了可持续发展的基础支撑。同时，不同地区优惠政策的差异性导致区域发展的不平衡。现有跨境电商政策多数集中在 B2C 零售业务的问题解决上，而对占据跨境电商业务金额比例高达 80% 以上的 B2B 业务，相关部门仅出台了 3 项政策。这表明现有政策过于集聚某些领域，缺乏均衡，在支持跨境电商主流 B2B 业务上没有找到政策发力点，同时现有政策也没对跨境电商软环境营造提供足够有力的支持，对跨境电商的可持续发展产生不利影响。

（二）部分跨境电商政策实施存在差异性，整体发展不均衡

在双循环新发展格局下，现有部分跨境电商政策体系依然存在不少问题，部分政策作用比较有限。例如，中小企业融资难的问题，尽管政府再三出台各类政策，银行依然很少愿意给信用较低的小企业直接贷款，一些电商平台的金融服务更是高息贷款。使得跨境电商的金融服务政策的制定与实施存在很大的差异性。此外，现有政策不能满足新发展格局下的实际需求、数据统计制度不完善、监管权责划分不明确、缺乏对整个跨境电商产业边界的有效界定、不同区域优惠政策差异较大等，这些问题的存在极易导致跨境电商经营主体不断寻找运营成本更低的运作途径，增加了整个行业的无序性，进一步导致行业混乱，劣币驱逐良币现象频发。

从企业运营实际来看，各级地方政府出台的跨境电商优惠政策对企业最具吸引力的是现金补贴和税收减免，这些优惠政策容易导致跨境产业集聚、规模效应形成、交易单数和交易规模扩大，但这些政策并没有直接促进企业的创新发展，同时资金也没实现在该行业的资源最优配置，更为重要的是，一旦政府停止补贴，企业能否从温和的经营环境到激烈的市场竞争转变中存活下来还值得进一步观察。

（三）跨境电商政策主体间缺乏协调性

跨境电商政策体系整体上缺乏顶层设计，通盘考虑协调性不够。很多企业由于发展战略相似，采用的电商商业模式也相似，市场上同类平台较多，如跨境进口政策刚颁布时，市场上就有很多平台功能、客户群体、商业模式相似的同类型平台，平台之间竞争激烈，市场分割严重，存在很多问题。如果在政策制定阶段就有政府牵头给予相应的政策和相关配套支持，在试点、综合试验区、产业园区等政策实施灵活有效的区域，按照市场规律进行实施和运营，将极大地提升跨境电商政策制定、实施的效率和作用。

跨境电商是实践性较强的行业，只有在实践中才能发现问题、解决问题，由于一部分政策是事前规划，一部分政策是根据实施中出现的问题及时调整，对于事前规划引导类的政策由于缺乏对市场准确的判断，会造成实施的过程中职能部门相互脱离、协调性不够等问题。政府职能部门应在充分调研，充分把握行业发展趋势的基础上去更加科学地设计、制定跨境电商各项政策，保障政策体系中各类政策切实有效地落地实施。

四、完善跨境电商政策体系的策略建议

（一）营造良好的政策环境

商务部、国家发展改革委、海关总署、市场监管总局等部

门，按职责分工、负责维护良好的外贸秩序。在跨境电商领域加强反垄断和反不正当竞争规制，着力预防和制止外贸新业态领域垄断和不正当竞争行为，保护公平竞争，防止资本无序扩张。探索建立外贸新业态、新模式的企业信用评价体系，鼓励建立重要产品追溯体系。支持制定外贸新业态领域的国家、行业和地方标准，鼓励行业协会制定相关团体标准，为跨境电商相关政策标准规范的建立和实施创造良好的国内环境。

商务部、国家发展改革委、工业和信息化部、国家邮政局、教育部等部门应加强研究，制定跨境电商行业发展相配套的物流、通信、人才培养等基础设施建设。一是完善覆盖全球的海外仓网络。支持企业加快重点市场海外仓布局，完善全球服务网络，建立中国品牌的运输销售渠道。鼓励海外仓企业对接综合试验区线上综合服务平台、国内外电商平台等，匹配供需信息，优化快递运输等政策措施，支持海外仓企业建立完善的物流体系。二是鼓励电信企业为外贸企业开展数字化营销提供国际互联网数据专用通道，完善国际邮件互换局（交换站）和国际快件处理中心布局。三是加强行业组织建设和专业人才培育。依法推动设立外贸新业态领域相关行业组织，出台行业服务规范和自律公约。鼓励普通高校、职业院校设置相关专业。引导普通高校、职业院校与企业合作，培养符合外贸新业态、新模式发展需要的管理人才和高素质技术技能人才。为跨境电子商务政策落地、引导行业健康快速发展创造良好的行业环境。

由我国商务部牵头，各地各级政府按照职责进行分工，加强参与世贸组织、万国邮联等多双边谈判，推动形成电子签名、电子合同、电子单证等方面的国际标准。加强知识产权保护、跨国物流等领域国际合作，参与外贸新业态、新模式的国际规则和标准制定。加强与有关国家在相关领域的政府间合作，推动双向开放。大力发展丝路电商，加强"一带一路"经贸合作。推动我国外贸新业态、新模式与国外流通业衔接连通。鼓励各地方、各试点单位、各企业开展国际交流合作，为跨境电商政策的制定与实施创造良好的国际环境。

（二）进一步推进国际合作

推动数字领域国际合作走深走实。深化共建"一带一路"国家电子商务合作，积极发展"丝路电商"，推动各国中小企业参与全球贸易，支持数字产业链全球布局，促进全球电商供应链一体化发展。加快电子商务技术、平台、供应链及配套服务的国际合作步伐，推动电商经验分享及人才合作，积极开展多层次国际交流活动，鼓励电子商务企业积极参与东道国数字惠民、数字金融、数字治理，帮助发展中国家缩小数字鸿沟。建立开放共享、普惠高效、安全可靠、环境友好的全球电商发展格局。

推进跨境电商国际规则构建。积极参与以跨境电商为核心的国际规则制定，推动形成以货物贸易数字化为核心、以服务贸易数字化为延伸、以数字基础设施互通和安全为保障的国际规则体系。推进多双边电商规则谈判和数字领域机制建设，加快跨境交付、个人隐私保护、跨境数据流动、消费者权益等领域国内国际规则衔接。积极参与电商国际标准体系建设，推动探索我国数据确权、交易、传输、安全保护等方面标准规范建设，提升标准适用性，探索开展数字领域开放压力测试。支持行业组织、企业等在国际规则体系建设中发挥积极作用，以双边和区域合作促进规则制定，按照互利共赢、公开透明的原则，加强数字领域规则协同，积极探索全球电子商务市场新规则、新治理的形成路径和最佳实践。

加强在跨境电商政策领域的合作与交流。学习国外先进经验，既要学习国外先进的发展和管理理论，形成中国特色的管理体系，又要学习国外跨境电商政策的法规建设，构建我国完善的跨境电商政策框架和体系。同时，积极参与国际跨境电商合作与建设，提高在跨境电商领域的话语权，积极参与跨境电商国际标准的制定，以双循环新发展格局为契机，在"一带一路"倡议下打造跨境电商对外开放新高地，积极融入全球市场，为跨境电商可持续发展提供持久动力。根据国外成熟的政策经验和国内跨境电商行业发展的实际需求，进一步调整优惠政策的方向和范围，优化政策的服务模式，而不是单一地提供现金补贴和税收减免，提高整个行业资源的利用率。正确处理优惠政策与经济发展的关系，确保跨境电商的发展带动地方经济的健康发展，二者形成联动局面，摸索出更有利于地方经济发展的经验道路，有助于新发展格局的构建与形成。

尽管我国已初步建立较为完善的跨境电商政策体系，但有针对性的跨境电商政策的顶层设计仍需进一步强化，从源头上规避跨境电商发展过程中遇到的风险和不确定性，坚持全国一盘棋，统筹规划，协同推进，根据各个区域的发展特点，制定既有针对性又有差异性的政策，避免区域间恶性同质化竞争，实现资源最优配置，注重政策协同发展。在已有跨境电商发展和建设经验的基础上，根据国外已经成熟的政策经验，找到跨境电商发展的痛点和瓶颈环节，因地制宜，探索区域跨境电商与区域城市经济协调发展的联动模式，既要服务地方经济发展需求，又要把跨境电商优质企业入驻平台，而不是单一地提高跨境电商交易额。在发展过程中响应企业诉求，转变服务思路和模式，及时进行经验总结与反馈，将政策及时作出调整，带动区域经济整体协调发展。

（三）完善跨境电商发展支持政策

在全国适用跨境电商企业对企业（B2B）直接出口、跨境电商出口海外仓监管模式，完善配套政策。便利跨境电商进出口退换货管理，优化跨境电商零售进口商品清单，稳步开展跨境电商零售进口药品试点工作。引导企业用好跨境电商零售出口增值税、消费税免税政策和所得税核定征收办法。研究制定跨境电商知识产权保护指南，引导跨境电商平台防范知识产权风险。优化跨境电商零售进口监管，丰富商品品类及来源，提升跨境电商消费者保障水平。加强跨境电商行业组织建设，完善相关标准，强化应对贸易摩擦能力，为中国电商企业出海提供保障和支撑措施。促进跨境电商政策体系进一步完善、发展环境进一步优化、发展水平进一步提升。

扎实推进跨境电子商务综合试验区建设，不断扩大跨境电子商务综合试验区试点范围。积极开展先行先试，进一步完善跨境电商线上综合服务和线下产业园区"两平台"及信息共享、金融服务、智能物流、电商诚信、统计监测、风险防控等监管和服务"六体系"，探索更多的好经验、好做法。鼓励跨境电商平台、经营者、配套服务商等各类主体做大做强，加快自主品牌培育。建立综试区考核评估和退出机制，引导建设建成一批要素集聚、主体多元、服务专业的跨境电商线下产业园区，形成各具特色的发展格局，成为引领跨境电商发展的创新集群。

一是创新监管方式。根据外贸业态发展需要，适时研究完善相关法律法规，科学设置"观察期"和"过渡期"，为业态创新提供安全空间。推动商务、海关、税务、市场监管、邮政等部门间数据对接，在优化服务的同时加强对逃税、假冒伪劣、虚假交易等方面的监管。完善外贸新业态、新模式统计体系。

二是落实财税政策。充分发挥外经贸发展专项资金、服务贸易创新发展引导基金作用，引导社会资本以基金方式支持跨境电商外贸新业态、新模式发展。积极探索实施促进跨境电商外贸新业态、新模式发展的税收征管和服务措施，优化相关税收环境。支持跨境电商企业使用无纸化方式申报退税。

三是加大金融支持力度。深化政银企合作，鼓励金融机构、非银行支付机构、征信机构、外贸服务平台等加强合作，为具有真实交易背景的跨境电商企业提供便利化金融服务。加快贸易金融区块链平台建设，加大出口信用保险对海外仓等跨境电商新模式的支持力度，积极发挥风险保障和融资促进作用。

四是支付结算管理。深化贸易外汇收支便利化试点建设，支持更多符合条件的银行和支付机构依法合规为外贸新业态、新模式企业提供结算服务。鼓励研发安全便捷的跨境支付产品，支持非银行支付机构"走出去"。鼓励外资机构参与中国支付服务市场的发展与竞争。

（四）提高企业政策制定的参与感，促进企业创新发展

创新是引领发展的第一动力，而跨境电商企业的技术和模式创新与相关政策有着紧密的关系。因此，在制定跨境电商相关政策时，应提高企业参与政策制定的积极性，掌握企业经营创新需求，根据内外部环境变化而及时地调整政策，满足企业不同时期的创新诉求，促进企业真正创新发展，而企业也要增进与政府的协同互动，及时沟通反馈问题，提出合理化可行性的建议，实现发展的共赢。

积极支持运用新技术赋能跨境电商发展。运用数字技术和数

字工具，推动外贸全流程各环节优化提升，整合碎片化订单，拓宽获取订单渠道。大力发展数字展会、社交电商、产品众筹、大数据营销等，建立线上线下融合、境内境外联动的营销体系。集成外贸供应链各环节数据，加强资源对接和信息共享。支持传统外贸企业运用云计算、人工智能、虚拟现实等先进技术，加强研发设计，开展智能化、个性化、定制化生产。

推动企业融合直播电商、社交电商、产品众筹、大数据营销等多种方式，建立线上线下融合、境内境外联动的跨境电商营销体系，利用数字化手段提升品牌价值。推进新型外贸基础设施建设，支持外贸领域的互联网平台、线上综合服务平台等建设。建成一批要素集聚、主体多元、服务专业的跨境电商线下产业园区。加强国际邮件互换局和国际快件处理中心建设，满足跨境电商物流发展需要。巩固壮大一批具有国际竞争力的跨境电商龙头企业和产业集群。

支持电商企业在海外注册商标、申请专利、建立自主品牌，提升品牌国际影响力和竞争力。支持电商企业加强研发设计，提高文创价值，将中国传统文化或海外文化融入产品设计之中，打造一批拥有IP（知识产权）的高附加值品牌。支持电商跨境交易服务平台企业全球布局，培育一批跨境电商独立站，大力发展面向全球市场的电商营销、支付、物流及技术服务，形成国际化程度较高的国际电商服务业。"丝路电商"拓展行动进一步扩大"丝路电商"合作范围，与"一带一路"共建国家共同提升电商合作发展水平。进一步推动"丝路电商"合作伙伴之间的政策法规衔接，保障各方企业的合法权益，建立规则相通的电商合作环境。进一步推动电商企业加强海外营销网络建设，支持地方合作品牌打造和企业创新发展。

第七章
跨境电商促进双循环发展实施路径

　　跨境电商活动包括跨境电商进口与跨境电商出口，通过跨境电商进口刺激了国内消费需求、推动了国内消费升级，通过跨境电商出口降低了贸易成本、推动了产业转型升级、刺激了企业嵌入全球价值链，实现了出口拉动进口、进口创造出口共同形成以国内大循环为主体、国内国际双循环相互促进的新发展格局。依托跨境电商新业态、新模式，促进了商品与要素（数据、技术、资金和劳动力）在生产、流通、分配与消费载体的流动，进而加快了双循环新发展格局的构建。

　　长期依托出口导向型战略所构建的生产体系，在短期内无法发生根本性的重构，但是这为构建以国内大循环为主体、国内国际双循环相互促进的新发展格局提供了牢固的产业基础。跨境电商立足于国内市场与产业依托，成为构建双循环新发展格局的重要驱动力，然而，跨境电商新动能作用的充分发挥仍存在诸多障碍。通过探索跨境电商发展新路径、助推双循环新发展格局的形成已成为国家战略，为进一步促进跨境电商发展、加快构建双循环新发展格局，需要从以下方面具体展开。

一、加强跨境电商全产业链建设，
夯实经济双循环发展基石

　　跨境电商是一个复杂的生态系统。需要构建更加完善的基础设施来支撑。这些基础设施既包括硬件设施，也包括软件设施；既包括支付、物流等核心辅助功能，也包括人才培育、营商环境的支撑功能。为推进跨境电商发展，扩大跨境电商在双循环新发展格局构建中的积极作用，需加快"新基建"工程，尤其加快布局5G、移动互联网等信息基础与互联网基础设施。进一步加快海外仓建设，尤其是公共海外仓建设，国内加快互联网、快递在农村地区的布局，打通与夯实国内国外市场的物流网络。以"新文科"为引领，创新探索跨境电商人才培养，加大本科院校跨境电商专业设置，尤其向中高阶跨境电商人才培养聚焦。探索、扩大对跨境电商领域的监管创新，在确保行业公平良性竞争的情况下，激发跨境电商行业发展潜力。

　　跨境电商已经形成较为完整的产业链，为经济双循环发展提供进出口综合支撑服务。由于跨境电商产业链连接国内外不同主体具有复杂性、双向性、多向性等特点，存在基础配套不完善、各主体缺乏协同性、信息不通畅等问题，因此加强跨境电商全产业链建设，促进跨境电子商务规模化、集聚化发展，是实现国内国际双循环发展的重要基础。

　　一是加强基础配套建设，完善产业链综合配套服务。跨境电商产业链基础设施建设既包括物流网络、信息技术、产业园区等硬件设施，也包括政策法规、营商环境、人才培育等软件设施。一方面，加强跨境电商硬件基础设施建设。进一步加快海外仓、保税仓、中心仓等物流基础设施；加大 5G、物联网、工业互联网等信息技术投入；加强跨境电商物流园区、产业园区、综合服务园区等建设，完善跨境电商产业链硬件配套服务设施。另一方面，加强跨境电商软件基础设施建设。进一步完善通关、物流、税收、支付结算、检疫检验等政策法规；加快构建交易主体信用体系、市场开放机制等创造良好的营商环境；加大中高阶跨境电商人才培养高校教育和行业培训，完善跨境电商产业链软件配套设施服务。

二是整合跨境电商平台产业链服务商资源，促进各主体功能协同。产业链服务主要通过第三方或平台实现，由于跨境电商产业链协同的复杂性表现在产业链服务需要不同环节、多个服务商协作参与，充分发挥平台功能聚合产业链不同环节资源能够有效提升服务效率。一方面，整合产业链同一环节上不同服务商资源。跨境电商产业链同一环节需要有多个服务商合作参与，如菜鸟网络提供跨境物流服务，整合了我国境内和目的国多家快递公司、海外仓、保税仓等多种服务商资源才能提供有针对性的跨境物流运输方案。另一方面，整合产业链服务不同环节间的服务商资源。例如，支付、物流、通关等各环节贯穿交叉，需要不同功能服务商之间数据共享、紧密合作。伴随着平台功能的不断升级，跨境电商平台逐渐从信息服务、交易服务升级到全产业链服务，加强整合产业链不同环节、多个服务商资源，建立起物流、支付、通关、退税、金融、营销、培训等完整的产业链功能服务生态闭环，实现产业链高效协同。

　　三是推动跨境电商产业链信息融合，促进产业链智慧升级。推动跨境电商产业信息融合主要是充分发挥互联网平台作用，利用新一代信息技术，消除产业链各主体之间的信息壁垒，优化跨境电商产业链资源配置和集成效率，如互联网信息技术与产业链各环节融合产生的外贸产业智能制造、跨境智慧物流、跨境金融服务、跨境O2O"新零售"等实现产业链重构和智慧升级。一方面，加大互联网信息技术应用，解决跨境电商产业链中信息不对称问题，对产业链资源进行重新解构、整合，消除中间化、中心化环节，提升生产效率和服务效率。另一方面，以跨境电商产业园区为载体，加快培养跨境电商产业集群，优先发展产业链上的龙头企业、明星企业，通过头部带动作用推动跨境电商平台、外贸制造业、产业链服务企业联动发展，打造具有国际竞争力的跨境电商产业集群。

二、完善基础设施，打造双循环发展的市场引擎

　　受益于数字技术的发展与应用，跨境电商可以刺激我国国内需求市场，助推内需导向的新经济形态的发展，进而成为推动双循环发展的市场引擎。国内大循环的基础在于内需市场，内需市场有利于撬动国际市场，进而形成国内循环与国际循环的互构与协同效应。随着我国国内需求市场的不断成熟与创新发展，许多新的消费需求、行为及决策不断出现，跨境电商依托数字技术优势，不断渗透到直播、社交、社区等新的消费场景。同时，跨境

电商在重塑消费环节的信息传递模式与需求拉动模式方面起到重要的作用。利用好《关于扩大跨境电商零售进口试点、严格落实监管要求的通知》等政策，积极推进并扩大跨境电商零售进口试点范围，响应国家关于积极发展市场采购贸易方式的战略，探索"市场采购＋跨境电商"组合出口业务。结合各地区实际情况，积极布局建设进口销售中心、跨境电商O2O体验店、跨境电商新零售展示店，逐步形成网络完善的跨境电商进口消费体系。切实利用好跨境电商零售进口模式，拉动优质商品进口以满足国内市场消费需求，有利于推动双循环新发展格局。

跨境电商是一个复杂的生态系统。基础设施是跨境电商生态系统中的一个重要因素，推动跨境电商发展，需要构建并完善其所需的基础设施。在加快构建双循环新发展格局过程中，需要瞄准跨境电商发展所需的基础设施与环境要素，尤其是生产、流通、分配与消费关联环节的硬件基础与软件基础。具有代表性的基础设施与环境要素包括生产与流通环节的技术基础支撑、流通环节的物流基础支撑、分配与消费环节的政策支撑，尤其更应注重与完善跨境电商发展支持政策。

一是依托我国的"新基建"战略，加快布局5G、移动互联网等信息基础设施与互联网基础设施。加快数字技术在各类传统产业及各环节的应用，实现数据与传统生产要素实现渗透融合，推进传统产业全流程各环节的数字化。通过发展云端展会、大数据营销、数字生态等，构建基于线上线下、境内境外互动的营销渠道，并反向优化生产要素的配置，建立起全新的产业数字化模式。

二是进一步加快海外仓建设，尤其是公共海外仓建设。依托海外仓建设，加快跨境电商出口商品流通效率，提升商品的退换货辅助功能。还应布局退货中心仓建设，不断优化进口商品退货流程，积极推进跨境电商进口退货业务的顺利实施。

三是探索并加强跨境电商领域的监管创新。在促进行业公平竞争与健康发展的前提下，积极出台相应的跨境电商帮扶政策与措施，优化跨境电商所需的营商环境，激发跨境电商行业的发展潜力。

三、加快数据技术赋能，推进数字贸易双循环发展效应

数字经济时代数据已经成为一种新型的生产要素，并贯穿于整个经济社会过程中，以跨境电商为代表的数字贸易成为国际贸易的新趋势，在经济双循环发展过程中发挥着重要作用。数据技术驱动下的数字贸易既能够在线提供商品和服务，又能够实现基于全球价值链上数据流的智能制造服务。数据技术赋能跨境电商企业生产经营的各个环节，建立数据驱动型决策机制，能够有效降低贸易成本、增加贸易产品种类，对生产供应端、消费需求端、平台服务端产生正向的外部经济效应。

推动数字技术与传统产业融合，促进传统产业数字化转型。加快区块链、大数据、神经网络、量子技术等数字技术领域基础研究与应用研究，加快数字技术与跨境电商、金融、供应链等领域的场景应用。不仅如此，将数字技术运用在跨境电商的供应端，通过推动传统产业的生产环节数字化，构建互联互动、高效

运行的制造业数字化系统，再依托大数据、云计算、区块链及量子技术等收集生产端、供应端的数据并加以优化处理，实现传统产业的智慧制造；将数字技术应用到消费端与需求端，通过分析消费者行为、习惯与购买决策所产生的数据，并与传统生产要素实现渗透融合，反向促进生产要素优化配置与组合，构建全新的传统产业数字化模式。

一是加强数字技术赋能跨境电商生产供应端，推进外贸产业数字化转型。一方面，加大大数据、云计算、区块链等技术对外贸企业采购、生产、制造、销售、评价等环节产生的大数据进行收集与计算，用于需求预测、生产决策、风险预警等生产运营，促进外贸企业实现数据驱动下智慧制造升级。另一方面，加大信息技术投入，挖掘用户搜索、浏览、评论等数据，分析客户精准需求，有针对性地改进内部运营管理，增加外贸企业和消费者之间的用户黏性，提升外贸企业运营管理效率。

二是加强数字技术赋能跨境电商平台服务端，提升跨境贸易市场效率。跨境电商平台是跨境交易的市场载体，除连接交易双方外，还能聚合服务商资源形成数据闭环。一方面，加大平台人工智能、物联网等技术投入，加强平台各主体数据采集与分析，为商家提供精准营销、定向引流等数据支持，为用户提供智能推送、多渠道交互等服务体验。另一方面，加强数据技术与物流、支付、通关等服务商融合，形成订单、支付、物流、通关、信用、评价等数据闭环，实现数字化重构跨境贸易流程，降低贸易壁垒，提升市场效率。

三是加强数字技术赋能跨境电商需求消费端，提升消费者福利水平。利用大数据技术构建完整、动态的跨境电商消费者信用评价体系、服务评价体系，降低交易双方信息不对称，降低贸易成本和价格，提升消费者福利。一方面，充分挖掘平台交易、服务商、企业运营、消费者网络轨迹等数据资源，加快构建多维度消费者信用评价体系。另一方面，从跨境电商服务流程角度出发运用互联网和大数据技术，构建消费者服务评价体系，分析消费者对跨境电商的服务体验及评价，运用数据分析用户行为及心理，减少交易双方信息交互摩擦，提升消费者体验。

四、进一步深化对外开放与合作，创造经济双循环发展市场环境

开放型经济环境下商品、生产要素能够在国内、国际市场自由流动，通过积极参与国际合作，在国际分工中发挥本国的比较优势。跨境电商能够优化进口、扩大出口，有效改善贸易便利化，促进商品、要素在国内国际自由流动。在新形势下通过创新跨境电商贸易方式、构建跨境电商政策体系、加强区域经贸合作等手段推动我国进一步深化改革、规范商品和要素市场，为国内国际双循环发展创造良好的市场环境。

跨境电商新业态、新模式所体现的平等性、普惠性与共享性等特征与《区域全面经济伙伴关系协定》（RCEP）倡导的"现代、全面、高质量和互惠"原则和"一带一路"倡议的"共商、共建、共享"原则一脉相通。RCEP有助于我国扩大出口、优化进口，推动中国进一步深化改革和规范各类要素市场，提升企业的国际竞争力。"一带一路"沿线国家与地区也是我国跨境电商

重要的市场，近年来，双边交易规模不断攀升。加大融入以RCEP为代表的区域贸易协作，依托"一带一路"倡议，加快与沿线国家和地区的经贸合作，尤其是借助跨境电商载体，促进资源高效配置及创新集聚，推动共建经贸"利益共同体"。

一是创新跨境电商贸易模式，推动商品、要素流通便利化。我国持续探索跨境电商监管模式创新和商业模式创新，不断扩充商品、要素贸易种类，扩大跨境电商应用领域和场景。一方面，加大国家跨境电商专项建设项目引导，推进跨境电商海关监管模式创新。推进跨境电子商务试点城市、跨境电子商务综合试验区、服务贸易创新试点城市、自由贸易试验区、海南自由贸易港等创新项目建设，进一步完善9610/1210/9710/9810等多种跨境电商进出口海关监管模式。另一方面，加大互联网经济和实体经济深度融合，推进跨境电商商业模式创新。在跨境电商平台模式基础上，加强跨境电商O2O、跨境电商独立站、跨境直播电商、跨境社交电商、跨境社区电商等新模式推广，持续推动新型互联网商业模式在跨境电商领域的创新与应用。

二是构建跨境电商促进双循环发展政策支撑体系，完善双循环发展政策环境。跨境电商已经形成包括海关、税收、检疫检验、支付结算、物流运输、金融服务、交易监管等支撑跨境电商行业发展的政策支撑体系，由于跨境电商如何促进双循环发展还是一个新的命题，因此需要围绕双循环发展目标不断调整完善跨境电商政策体系。一方面，围绕扩大出口、外贸产业转型升级、全球价值链提升等国内供给侧目标；另一方面，围绕优化进口、扩大价值利益分配、消费升级等国内需求侧目标，提出打通生产、流通、分配、消费各环节的政策措施，加快构建跨境电商促进国内国际双循环政策支撑体系。

三是加强跨境电商区域经贸合作，推动国内国际市场双向联动。在当前经济全球化、区域一体化发展趋势下，跨境电商进出口连接国内国际市场，具有普惠性、共享性等特征，成为深化改革开放、加强区域经贸合作重要的平台载体。一方面，加快推进《区域全面经济伙伴关系协定》（RCEP），加强跨境电商企业深度参与东亚生产网络、供应链，提高东亚地区贸易自由化水平，推动建立跨境电商和东亚区域经贸合作增长联动机制。另一方面，依托"一带一路"倡议，加快与沿线国家和地区的经贸合作，借助跨境电子商务载体，促进资源高效配置及创新集聚，推动共建经贸"利益共同体"，加快与周边国家实现"政策沟通、设施联通、民心相通"。

五、推进产业融合发展，打造具有国际竞争力的产业集群

践行国家关于推动跨境电商与传统产业融合、打造若干世界领先的产业集聚的顶层设计，着力加快推进跨境电商产业与制造业等诸多传统产业的融合发展，驱动跨境电商应用于传统产业推进其转型升级。优先发展一批具有跨境电商产业优势的龙头企业、头部企业，围绕这些关键少数企业，通过"一企一策"差异化扶持政策，推动跨境电商与产业深度融合。以跨境电商园区为载体，通过跨境电商加快培育世界级先进产业集群，推动跨境电商企业、生产企业、服务企业联动发展，发展产业链、产业圈、

产业集群。通过全盘布局，打造局部竞争优势明显、功能相对完整的跨境电商产业链、供应链，对接国内及全球产业链、供应链。

通过传统产业向跨境电商转型，实现跨境电商与传统产业融合发展，有利于实现传统产业的转型升级，有利于推动传统企业进行数字化转型，也有利于加快培育若干世界级领先的产业集群。通过这些方面的努力，为双循环新发展格局打造了坚实的产业基础，实现了有效的产业支撑。

跨境电商从需求侧与供给侧两个维度助推双循环新发展格局的构建，实现了供给侧与需求侧的双侧发力。从需求侧维度看，跨境电商有利于实现国内市场消费需求；从供给侧维度看，跨境电商盘活了国内市场供给、开拓了国际市场供给。积极响应国家《关于加快发展外贸新业态新模式的意见》等政策，加快跨境电商作用于传统外贸行业，促进传统外贸转型升级，鼓励传统外贸企业通过跨境电商平台开展跨境商品交易活动。加快推动跨境电商与传统外贸融合，带动各地开放型经济发展。

鼓励我国各地建设一批集研发设计、数字营销、仓储物流等要素于一体的跨境电商产业园（集聚区）。依托跨境电商产业园（集聚区），鼓励跨境电商企业、生产制造企业、各类关联的服务企业进行联动发展，有助于世界级领先产业集群的培育。借助产业集群与产业园区，立足于行业龙头企业、跨境电商平台企业及综合服务企业，打造成地区性竞争优势显著、功能相对完整的跨境电商产业链及供应链，进而实现国内与国际产业链与供应链的对接。

六、结语

改革开放 40 多年来，我国经济腾飞，制造业大国地位得到不断的夯实。随着技术变革、时代发展、社会变化，在逆全球化、区域经济一体化、单边主义抬头、中美贸易摩擦及不断涌现的对我国多维度的歧视，我国经济发展面临错综复杂的国内外环境。为进一步释放可持续发展新动能，双循环战略的适时提出将推动我国开放型经济向更高层次发展。相较于传统外贸，跨境电商作为一种新业态、新模式，为推动传统产业及外贸转型升级、促进我国经济高质量发展带来重要机遇，这将成为推进双循环新发展格局构建的重要动力。顺应跨境电商发展大趋势，抓住跨境电商发展的机遇，不仅能够推动我国在数字经济时代主导状态下实现后发赶超、突破低端锁定、弥合数字鸿沟，而且有利于我国以跨境电商发展为转手，加快构建完整的内需体系，打通国内国际融合及协同通道，实现国内国际双循环相互促进的新发展格局。

我国根据国内外经济形势变化适时提出以国内大循环为主体、国内国际相互促进的双循环新发展格局。跨境电商依托互联网平台、信息技术能够有效创新贸易方式、降低贸易成本，在严峻的外部经济环境下成为拉动外贸增长的新引擎。跨境电商的发展与我国双循环新发展格局的形成息息相关，在国内国际双循环发展中具有重要作用。

跨境电商基于其自身独特优势，能够有力地释放国内消费需求、促进消费升级，还能够有效降低贸易成本、促进贸易便利化、引入新的数据生产要素、助力我国产业在全球价值链的攀升及企业嵌入全球价值链中。跨境电商出口连接国内的供给端，促进产品技术创新，推动产业转型升级，助力国家实施供给侧改革，跨境电商进口连接国内需求端，有助于释放国内消费潜力，促进消费升级，助力国家实施需求侧管理，共同推动形成以国内大循环为主的发展格局。这充分体现了跨境电商促进双循环新发展格局构建的内生逻辑。为实现跨境电商在促进双循环新发展格局构建的价值，还需要加快推动跨境电商发展，通过依托跨境电商创新内需拉动方式、加快跨境电商与传统产业融合、夯实跨境电商所需的基础与环境等一系列措施，更快地实现跨境电商促进双循环新发展格局的构建路径。

我国的经济发展经历了以内循环为主、外向型经济主导、外向型经济调整到双循环新发展格局形成等多个发展阶段。我国跨境电商起步于 20 世纪末 21 世纪初，正值我国外向型经济形成时期，跨境电商平台为外贸企业提供信息展示、在线交易等服务，推动外贸增长，助力我国外向型经济发展壮大。2008 年国际金融危机后我国开始进入外向型经济调整时期，逐渐把经济发展重心调整到依靠内需拉动。2012 年，我国从试点城市入手对跨境进口电商进行探索，逐步形成保税进口、直邮进口等跨境零售进口电商模式，满足了国内消费群体对国外高端消费品的个性化需求，促进释放国内消费潜力，推动国内消费升级。2017 年至今，我国在推进国内供给侧改革、应对复杂的外部环境变化的过程中逐步提出双循环新发展格局。此时，跨境电商已经形成完整的进出口产业链，通过全产业链升级带动国内消费升级和产业升级，推动商品、要素资源在国内国际充分流动，深化国际分工与合作，帮助形成国内国际双循环新发展格局。

　　跨境电商促进国内国际双循环发展的作用机制可从两个方面构建。一是帮助打通国内生产、分配、流通、消费环节助力畅通国内大循环作用机制。跨境电商出口连接国内生产端是双循环的开始，通过在生产环节进行商业模式创新、信息技术进步推动外贸产业转型升级，助力国家实施供给侧改革。跨境电商进口连接国内消费需求端是双循环的最终目的，通过在消费环节优化消费结构、提升消费层次推动国内消费升级，助力国家实施需求侧管理。此外，在分配环节通过扩大就业、优化产业分工扩大价值利益分配格局，在流通环节通过基础设施建设、体制机制保障提高商品、要素流通效率。二是赋能国际外循环促进国内外供给端、需求端动态平衡，推动国内国际双循环发展作用机制。跨境电商进口连接国内需求端、国外供给端，能够内向集成海外优质商品资源和要素资源，推动国内消费升级，促进我国深度融入全球要素分工体系。跨境电子商务出口连接国内供给端、国外需求端，能够外向整合全球商品市场和要素市场，推动国内产业升级，促进我国深度融入全球产业分工体系。

　　我国应该从五个方面加强跨境电子商务促进双循环发展路径建设。一是通过加强跨境电商产业链基础配套设施建设、整合跨境电商平台产业链服务商资源、促进跨境电商产业链信息融合等手段推动跨境电商全产业链建设，夯实经济双循环发展基石；二是完善基础设施，打造双循环发展的市场引擎；三是加强数字技术赋能跨境电商生产供应端、平台服务端、消费需求端，促进外贸产业数字化转型升级、提高消费者体验与福利水平、提升跨境电商市场效率，推进双循环发展经济效应；四是通过创新跨境电商贸易模式、构建跨境电商促进双循环发展政策支撑体系、加强区域经贸合作等创造双循环发展的市场环境；五是推进产业融合发展，打造具有国际竞争力的产业集群。

参考文献

［1］贾康．"内循环为主体的双循环"之学理逻辑研究［J］．河北经贸大学学报，2021，42（2）：18-25．

［2］陈文玲．当前国内外经济形势与双循环新格局的构建［J］．河海大学学报（哲学社会科学版），2020，22（4）：1-8．

［3］江小涓，孟丽君．内循环为主、外循环赋能与更高水平双循环——国际经验与中国实践［J］．管理世界，2021（1）：1-18．

［4］韩彩珍，张冰晔．数字经济促进经济双循环发展的机理和路径［J］．青海社会科学，2020（6）：41-46+60．

［5］张夏恒，李豆豆．数字经济、跨境电商与数字贸易耦合发展研究——兼论区块链技术在三者中的应用［J］．理论探讨，2020（1）：115-121．

［6］张劲松．后疫情时代抗疫常态化与经济社会发展［J］．江汉论坛，2020（8）：15-22．

［7］沈国兵．"新冠肺炎"疫情对我国外贸和就业的冲击及纾困举措［J］．上海对外经贸大学学报，2020，27（2）：16-25．

［8］李子联，陈强．中国对外贸易的疫情冲击效应［J］．

现代经济探讨，2021（4）：75-82.

[9] 吴君民，徐刘阳. 新冠全球大流行背景下中国对外贸易的风险与对策探讨［J］. 理论探讨，2020（5）：17-22.

[10] 展金泳，张航，林桂军. 新冠疫情对我国对外经贸发展的冲击及应对［J］. 国际贸易，2020（7）：16-24+40.

[11] 王海军，刘超. 疫情冲击下中国外贸企业面临的困境及应对——基于供求视角［J］. 国际贸易，2020（8）：29-37.

[12] 张夏恒. 新冠肺炎疫情对中小微外贸企业的影响及其应对［J］. 产业经济评论，2020（3）：27-37.

[13] 张夏恒. 新冠肺炎疫情对跨境电子商务的影响及启示——基于454份问卷样本的实证分析［J］. 江苏海洋大学学报（人文社会科学版），2020，18（2）：120-128.

[14] 张夏恒. 新冠肺炎疫情对跨境电子商务带来的影响及应对［J］. 中国西部，2020（3）：96-105.

[15] 姚树洁，房景. "双循环"发展战略的内在逻辑和理论机制研究［J］. 重庆大学学报（社会科学版），2020，26（6）：10-23.

[16] 姜英华. 中国经济双循环：现实依据、实践路径与价值意义［J］. 理论月刊，2021（2）：85-91.

[17] 陆江源，杨荣. "双循环"新发展格局下如何推进国际循环［J］. 经济体制改革，2021（2）：13-20.

[18] 王建. 谈走国际大循环经济发展战略的可能性及其要求［J］. 农垦经济研究，1988（2）：33-36.

[19] 王直，魏尚进，祝坤福. 总贸易核算法：官方贸易统计与全球价值链的度量［J］. 中国社会科学，2015（9）：108-127+205-206.

［20］赵春明，班元浩，李宏兵．数字经济助推双循环新发展格局的机制、路径与对策［J］．国际贸易，2021（2）：12-18+54.

［21］杨汝岱．大数据与经济增长［J］．财经问题研究，2018（2）：10-13.

［22］张夏恒．中小企业数字化转型障碍、驱动因素及路径依赖——基于对377家第三产业中小企业的调查［J］．中国流通经济，2020，34（12）：72-82.

［23］张梦霞，郭希璇，李雨花．海外高端消费回流对中国数字化和智能化产业升级的作用机制研究［J］．世界经济研究，2020（1）：107-120+137.

［24］高凌云．内需压力、经济规模与中国出口的可持续增长［J］．经济与管理评论，2018，34（1）：31-44.

［25］鞠雪楠，赵宣凯，孙宝文．跨境电商平台克服了哪些贸易成本？——来自"敦煌网"数据的经验证据［J］．经济研究，2020，55（2）：181-196.

［26］马述忠，郭继文，张洪胜．跨境电商的贸易成本降低效应：机理与实证［J］．国际经贸探索，2019，35（5）：69-85.

［27］刘志彪，吴福象．"一带一路"倡议下全球价值链的双重嵌入［J］．中国社会科学，2018（8）：17-32.

［28］朱泓鸣．双循环新发展格局的内在结构与误区廓清［J］．东北财经大学学报，2020（6）：3-11.

［29］董志勇，李成明．国内国际双循环新发展格局：历史溯源、逻辑阐释与政策导向［J］．中共中央党校（国家行政学院）学报，2020（5）：47-55.

［30］徐奇渊．双循环新发展格局：如何理解和构建［J］．金融论坛，2020（9）：5-7．

［31］李春项，田奥．"双循环"新发展格局下，培育中国外贸新优势［J］．进出口经理人，2020（10）：17-19．

［32］马述忠，潘钢健．从跨境电子商务到全球数字贸易——新冠肺炎疫情全球大流行下的再审视［J］．湖北大学学报，2020（5）：128-130．

［33］Gomez-Herrera E，Martens B，Turlea G. The drivers and impediments for cross-border e-commerce in the EU［J］．Information Economics and Policy，2014，28（1）：83-96．

［34］李金昌，余卫．双循环新发展格局：历史演变、动因分析和对策建议［J］．统计理论与实践，2020（4）：3-12．

［35］张夏恒．共生抑或迭代：再议跨境电子商务与全球数字贸易［J］．当代经济管理，2020（11）：43-50．

［36］施炳展．互联网与国际贸易：基于双边双向网址链接数据的经验分析［J］．经济研究，2016（5）：172-187．

［37］Lendle A，Olarreaga M，Schropp S，Vézina P L. There goes gravity：eBay and the death of distance［J］．The Economic Journal，2016，126（591）：406-441．

［38］李兵，李柔．互联网与企业出口：来自中国工业企业的微观经验证据［J］．世界经济，2017（7）：102-125．

［39］马述忠，房超，张洪胜．跨境电商能否突破地理距离的限制［J］．财贸经济，2019（40）：116-131．

［40］Freund C，Weinhold D. The internet and international trade in services［J］．American Economic Review，2002，92（2）：2433-2434．

［41］Fan J，Tang L，Zhu W，et al. The alibaba effect：Spatial consumption inequality and the welfare gains from e－commerce ［J］. Journal of International Economics，2018，114（9）：203-220.

［42］沈菲，胡施颖. 新型消费模式的蔓延：青年代购行为的产生与发展［J］. 中国青年研究，2019（1）：12-17.

［43］管荣伟. 后政策红利时代海关监管制度对跨境进口电商的影响及建议［J］. 中国流通经济，2018（3）：52-61.

［44］刘斌，赵晓斐，刘翠翠. 中国跨境电商零售进口发展与监管问题研究［J］. 价格理论与实践，2019（4）：16-20.

［45］张军，张哲. 跨境电商对我国进口贸易发展的作用及优化［J］. 中国经贸导刊，2012（1）：28-29.

［46］李晓霞，刘剑，李晓燕，赵仕红. 消费心理学［M］. 北京：清华大学出版社，2010：33-40.

［47］张夏恒，陈怡欣. 跨境电子商务全产业链集聚的瓶颈及其破解［J］. 理论探索，2020（1）：124-128.

［48］凌永辉，刘志彪. 内需主导型全球价值链的概念、特征与政策启示［J］. 经济学家，2020（6）：26-34.

［49］张夏恒. 跨境电子商务生态系统研究［M］. 北京：经济科学出版社，2017：31.

［50］龙少波，张梦雪，田浩. 产业与消费"双升级"畅通经济双循环的影响机制研究［J］. 改革，2021（2）：90-105.

［51］杨骞，秦文晋. 中国产业结构优化升级的空间非均衡及收敛性研究［J］. 数量经济技术经济研究，2018（11）：58-76.

［52］马述忠，吴国杰. 全球价值链发展新趋势与中国创新驱动发展新策略——基于默会知识学习的视角［J］. 新视野，

2016（2）：85-91.

　　［53］王惠敏，戴明锋，赵新泉．跨境电商带动传统产业转型升级路径［J］．国际经济合作，2021（1）：33-40.

　　［54］钊阳，戴明锋．中国跨境电商发展现状与趋势研判［J］．国际经济合作，2019（6）：24-33.

　　［55］李芳，杨丽华，梁含悦．我国跨境电商与产业集群协同发展的机理与路径研究［J］．国际贸易问题，2019（2）：68-82.

　　［56］徐金海，夏杰长．全球价值链视角的数字贸易发展：战略定位于中国路径［J］．改革，2020（5）：58-67.

　　［57］倪红福．全球价值链中产业"微笑曲线"存在吗？——基于增加值平均传递步长方法［J］．数量经济技术经济研究，2016（11）：111-126+161.

　　［58］赵嵋含．中国跨境电子商务政策分析：2012—2020［J］．中国流通经济，2021（1）：47-59.

　　［59］熊鸿儒，马源，陈红娜，等．数字贸易规则：关键议题、现实挑战与构建策略［J］．改革，2021（1）：65-73.

　　［60］张颖熙，夏杰长．以服务消费引领消费结构升级：国际经验与中国选择［J］．北京工商大学学报，2017（11）：104-112.

　　［61］张夏恒．中国跨境电商消费者研究：特征及其行为评价［J］．广西经济管理干部学院学报，2017（9）：83-87.

　　［62］贾俊生．习近平关于新发展格局的论述［J］．上海经济研究，2020（12）：14-21+112.

　　［63］魏浩．积极扩大进口的战略意义与政策建议［J］．人民论坛，2020（8）：95-97.

［64］周晓波，陈璋．主动扩大进口的战略内涵及其经济影响［J］．现代经济探讨，2020（2）：58-63.

［65］郭四维，张明昂，王庆，等．新常态下的"外贸新引擎"：我国跨境电子商务发展与传统外贸转型升级［J］．经济学家，2018（8）：48.

［66］戴翔．主动扩大进口：高质量发展的推进机制及实现路径［J］．宏观质量研究，2019（1）：60-71.

［67］戴翔，张二震．要素分工与国际贸易理论新发展［M］．北京：人民出版社，2017：164.

［68］黄鹏，陈靓．数字经济全球化下的世界经济运行机制与规则构建：基于要素流动理论的视角［J］．世界经济研究，2021（3）：3-4.

［69］戴翔，刘梦，张为付．本土市场规模扩张如何引领价值链攀升［J］．世界经济，2017（9）：27-50.

［70］石良平，王素云．互联网促进我国对外贸易发展的机理分析：基于31个省市的面板数据实证［J］．世界经济研究，2018（12）：48-59+132-133.

［71］邱斌，闫志俊．异质性出口固定成本、生产率与企业出口决策［J］．经济研究，2015（9）：142-155.

［72］许建平．优化出口产业结构，实现外贸集约型增长［J］．生产力研究，1997（5）：73-74+86.

［73］卢进勇，朱坚真．论出口产业结构优化的基本任务、原则及目标模式选择［J］．改革与战略，1990（2）：13-16.

［74］沈国兵，袁征宇．互联网化、创新保护与中国企业出口产品质量提升［J］．世界经济，2020（11）：127-151.

［75］魏利平，邢文祥．跨境电商出口对我国品牌国际化的

影响研究 [J] . 国际贸易, 2019 (12): 19-26.

[76] 汤铎铎, 刘学良, 倪红福, 等 . 全球经济大变局、中国潜在增长率与后疫情时期高质量发展 [J] . 经济研究, 2020 (8): 4-23.

[77] 宋紫峰 . 全球产业分工格局: 未来走势及中国位势 [J] . 国家治理, 2018 (6): 26-33.

[78] 刘志彪, 姚志勇, 吴乐珍 . 巩固中国在全球产业链重组过程中的分工地位研究 [J] . 经济研究, 2020 (11): 51-57.

[79] 马述忠, 房超, 梁银锋 . 数字贸易及其时代价值与研究展望 [J] . 国际贸易问题, 2018 (10): 16-30.

[80] 张鸣飞, 杨坚争 . 我国跨境电子商务政策发展情况初探 [J] . 电子商务, 2017 (9): 8-9.

[81] 许应楠 . 我国跨境电子商务发展现状及政策创新研究 [J] . 情报探索, 2017 (2): 85-89.

[82] 张昊 . 跨境电商政策的多重属性与协同方式 [J] . 中国流通经济, 2018, 32 (5): 64-74.

[83] 杨云鹏, 杨坚争, 张璇 . 跨境电商贸易过程中新政策法规的影响传播模型 [J] . 中国流通经济, 2018, 32 (1): 55-66.

[84] 赵杨, 陈雨涵, 陈亚文 . 基于 PMC 指数模型的跨境电子商务政策评价研究 [J] . 国际商务 (对外经济贸易大学学报), 2018 (6): 114-126.

[85] Trauth E M. An integrative approach to information policy research [J] . Telecommunications Policy, 1986, 10 (1): 1-50.

[86] 段培新 . 政策分析研究方法文献综述 [J] . 社会科学管理与评论, 2013 (1): 88-93.

［87］任弢，黄萃，苏竣．公共政策文本研究的路径与发展趋势［J］．中国行政管理，2017（5）：96-101.

［88］狄艳华，杨忠．基于语料库的中国政府工作报告核心主题词研究［J］．外语学刊，2010（6）：69-72.

［89］郭毅，王兴，章迪诚．"红头文件"何以言行事？——中国国有企业改革文件研究（2000—2005）［J］．管理世界，2010（12）：74-89+188.

［90］李江，刘源浩，黄萃，苏俊．用文献计量研究重塑政策文本数据分析——政策文献计量的起源、迁移与方法创新［J］．公共管理学报，2015，12（2）：138-144+159.

［91］吴艳东，米倩倩．中国特色新型智库的意识形态功能及实现路径研究——基于政策文本的量化分析［J］．重庆邮电大学学报（社会科学版），2020，32（1）：17-25.

［92］杨正．政策计量的应用：概念界限、取向与趋势［J］．情报杂志，2019，38（4）：51+60-65.

［93］李明德，黄安，张宏邦．互联网舆情政策文本量化研究：2009-2016［J］．情报杂志，2017，36（3）：55-60+91.

［94］林德明，赵姗姗．基于政策工具的知识产权政策演化研究［J］．中国软科学，2018（6）：15-24.

［95］罗敏，朱雪忠．基于政策工具的中国低碳政策文本量化研究［J］．情报杂志，2014，33（4）：12-16.

［96］黄萃，苏竣，施丽萍，等．政策工具视角的中国风能政策文本量化研究［J］．科学学研究，2011（6）：876-889.

［97］熊小刚．政策工具视角下中国"双创"政策内容分析及优化建议［J］．软科学，2018，32（12）：19-23.

［98］张文鹏，王健．新中国成立以来学校体育政策的演进：

基于政策文本的研究［J］．体育科学，2015（2）：14-23．

［99］王宏起，李婧媛，李玥．基于政策文本的"双创"政策量化研究［J］．情报杂志，2018（1）：59-65．

［100］解佳龙，李雯，雷殷．国家自主创新示范区科技人才政策文本计量研究——以京汉沪三大自创区为例（2009—2018年）［J］．中国软科学，2019（4）：88-97．

［101］刘云，叶选挺，杨芳娟，等．中国国家创新体系国际化政策概念、分类及演进特征——基于政策文本的量化分析［J］．管理世界，2014（12）：62-69+78．

［102］彭纪生，仲为国，孙文祥．政策测量、政策协同演变与经济绩效：基于创新政策的实证研究［J］．管理世界，2008（9）：25-36．